朝鮮總督府編纂 訂正 普通學校學徒用

國語讀本 原文(下)

朝鮮總督府編輯局出版

김순전 · 박제홍 · 장미경 · 박경수

編

제이앤씨

Publishing Company

訂正

普通學校
學徒用

國語讀本 卷五

訂正

普通學校
學徒用

國語讀本 卷六

訂正

普通學校
學徒用

國語讀本 卷七

訂正

普通學校
學徒用

國語讀本 卷八

≪ 總 目 次 ≫

下卷

卷五(3學年 1學期, 1911)

目 次

卷六(3學年 2學期, 1911)

目 次

卷七(4學年 1學期, 1911)
目 次

卷八(4學年 2學期, 1911)
目 次

序 文

1. 朝鮮總督府 編纂 『訂正 普通學校學徒用國語讀本』 출판의 의의

교과서는 무릇 국민교육의 정화(精華)라 할 수 있으며, 한 나라의 역사진행과 불가분의 관계를 가지고 있다. 교과서를 통하여 진리탐구는 물론, 사회의 변천 또는 당시의 문명과 문화 정도를 파악할 수 있으며, 무엇보다 중요한 한시대의 역사인식 즉, 당시 기성세대는 어떤 방향으로 국민을 이끌어 가려 했고, 그 교육을 받은 세대(世代)는 어떠한 비전을 가지고 새 역사를 만들어가려 하였는지를 알아낼 수 있다. 이렇듯 한시대의 교과서는 후세들의 세태판독과 미래창조의 설계를 위한 자료적 측면에서도 매우 중요한 가치를 지니고 있다.

1910년 8월 합병이 되자 한국은 일제의 조선총독부에 의하여 본격적인 식민통치가 시작된다. 아울러 교육부분의 모든 정책 또한 조선총독부가 관할하게 되며, 이에 따라 식민지 교육정책은 이전 통감부시기에 비해 한층 더 강화된다. 조선총독부는 가장 먼저 식민지 상황에 걸맞게 관공립학교에서 사용할 교과서 개편에 착수하였다.

『訂正 普通學校學徒用國語讀本』(1911)은 일제의 식민지 교육정책상 '국가주의'에 의한 이데올로기를, 언어교육을 통하여 이루고자 한 초등학교용 國語(일본어)교과서로, <朝鮮教育令> 이전의 <普通學校令>에 의해 발행된 學部 編纂『日語讀本』(1907年)의 내용이 합방 전 한국의 입장에서 기술되었다고 여긴 부분을 조선총독부의 의도에 맞게 그 내용을 수정하고 보완하여 편찬, 출판한『日語讀本』의 訂正本이다.

『訂正 普通學校學徒用國語讀本』을 전체적으로 보면, 學部編纂『日語讀本』에 비해 크게 다르지는 않으나 1학년용(卷一, 卷二)의 양적증가가 현저하게 눈에 띄며, 통감부에서 총독부로 전권이 이양되어 가는 과정에 일본의 입장에서 수정되고 첨삭되어진 내용과 삽화의 변화, 그리고 國名 등을 비롯한 용어의 변화가 상당한 주목을 끌고 있다.

100여 년이 지난 오늘날까지도 끊임없는 과거사로의 회귀적 발언과 망언, 그리고 한국에서 일본 신보수주의자들과 의견을 같이 하는 일부 인사들의 발언은, 현재를 사는 우리들이 해결해야 할 일제청산에 대한 과제를 더욱 어렵게 한다. 이는 일제강점기 식민지 동화교육의 핵심이라 할 수 있는 일본어 교육과 아주 밀접하게 관련되어 있다고 여겨진다.

당시 일본어 교육은 식민지라는 특수한 상황에서 모든 조선인들이 지배국인 일본의 습속을 따라야한다는 풍속미화의 동화정책 중에서도 가장 기본적인 수단으로 중요시되었다. 이는 동화정책의 출발점에서 한 나라의 말과 역사를 정복하는 것이야말로, 그들이 추구하고자 하였던 소위 '내선일체'와 '황민화'에 도달할 수 있는 지름길이었던 것이다.

이번에 朝鮮總督府編纂『訂正 普通學校學徒用國語讀本』原文書를 출판하는 일은 韓國學을 연구하는데 필요한 자료 제공은 물론, <韓日合併> 전후 일제에 의한 한국에서의 교육제도와 일본어 교육 과정을 세심하게 살펴볼 수 있으며, 그동안 사장되었던 미개발 자료의 일부를 발굴하여 체계적으로 정리해 놓는 일의 출발로써 큰 의의가 있다.

이에 따라『訂正 普通學校學徒用國語讀本』原文書 전 8권을 수집, 정리하여 출판함으로써, 한국의 근대화와 식민지기로 접어드는 과정의 요소요소에 스며들어 있는 일본문화의 여러 양상과 과거 긴박했던 세계정세의 흐름을 구체적으로 파악할 수 있는 기초자료로 유용하게 이용되기 바란다.

2. 근대조선의 일본어 교육

1) 일본의 '国語' 이데올로기

이데올로기(Ideology)란 용어는 Idea와 Logic의 합성어로서 창의와 논리의 뜻을 담고 있으며, 개인의 의식 속에 내재해 있으면서도 개인의 식과는 달리 개인이 소속한 집단, 사회, 계급, 민족이 공유하고 있는 <공동의식>, 즉 <사회의식>과 같은 것이라 할 수 있다.

근대에 들어와서 국가는 소속감과 공통문화에 대한 연대의식과 정치적 애국심을 바탕으로 강력한 국민국가의 형태로 나타나게 되었고, 외세의 침입으로부터 국가를 보호하기 위해 국민을 계몽하고 단합시키는 데 국가적 힘을 결집하게 된다. 그리고 국가가 필요로 하는 국민을 만들기 위해 공교육제도를 수립하고, 교육에 대한 통제를 강화하여 교육을 국가적 기능으로서 편입시키게 된다.

국가주의는 국민(nation)의 주체로서 구성원 개개인의 감정, 의식, 운동, 정책, 문화의 동질성을 기본으로 하여 성립된 근대국민국가라는 특징을 갖고 있다. 국가주의의 가장 핵심적인 요소는 인종, 국가, 민족, 영토 등의 객관적인 것이라고 하지만 公用語와 문화의 동질성에서 비롯된 같은 부류의 존재라는 '우리의식'(we~feeling) 내지 '自覺'을 더욱 중요한 요인으로 보는 것이 일반적이다. 여기에서 더 나아가 '우리의식'과 같은 국민의식은 국가를 위한 운동, 국가 전통, 국가 이익, 국가 안전, 국가에 대한 사명감(使命感) 등을 중시한다. 이러한 국민의식을 역사와 문화 교육을 통하여 육성시켜 강력한 국가를 건설한 예가 바로 독일이다. 근대 국민국가의 어떠한 특정한 주의, 예를 들면 독일의 나치즘(Nazism), 이탈리아의 파시즘(Fascim), 일본의 쇼비니즘(Chauvinism)은 맹목적인 애국주의와 국수주의적인 문화, 민족의식을 강조하고 이러한 의식을 활용하여 제국적인 침략주의로 전락하고 있는 것도 또 하나의 특징이다.

메이지 유신 이후 주목할 만한 변화를 보면, 정치적으로는 <國民皆兵制>(1889)가 실시되고, <皇室典範>(1889)이 공포되어 황실숭상을 의무화하는가 하면, <大日本帝國憲法>(1889)이 반포되어 제국주의의 기초를 마련한다. 교육적으로는 근대 교육제도인 <學制>(1872)가 제정 공포되고, <敎育勅語>(1890)와 「기미가요(君が代)」(1893) 등을 제정하여 제정일치의 초국가주의 교육체제를 확립해 나간다.[1]

일본어의 口語에 의해, 우에다 가즈토시(上田萬年)가 주장했던 '母語 = 国語'에 대한 이데올로기는 보다 구체화되었다. 그러나 그 중핵은 학습에 의해서만 습득할 수 있는 극히 인위적인 언어였음에도 불구하고 근대일본의 여러 제도(교육, 법률, 미디어 등)는, 이 口語에 의해 유지되어, 母語 = 国語 이데올로기로 확대 재생산되기에 이르러, 오늘날에도 일본어 = 국어는 일본인에 있어서 대단히 자명한 사실인 것처럼 받아들여지고 있다.

---

1) 黃惠淑(2000), 「日本社會科敎育의 理念變遷硏究」, 韓國敎員大學校 大學院 博士學位論文, p.1

일본은 국가신도(國家神道)를 통하여 일본인과 조선인에게 천황신성 사상의 이데올로기를 심어주려 하였다. 만세일계의 황통(皇統)이니, 팔 굉일우(八紘一宇)니, 국체명징(國體明徵)이니, 기미가요(君が代) 등으 로 표현되는 천황에 대한 충성심, 희생정신이 일본국가주의의 중심사상 으로 자리 잡게 된 것이다. 즉, 명령과 절대복종식의 도덕성과 충군애국 사상을, 교육을 통해서 심어주고자 한 것이 국가주의에 의한 일본식 교 육이었음을 알 수 있다.

2) 조선후기 교육제도의 변화와 일본어 교육

우리 민족의 근대교육에 대한 인식은 갑오개혁을 전후로 하여 크게 변해갔다. 부국강병을 위한 시무책 일환인 교육입국론(敎育立國論)이 점차 파급되면서, <교육입국조서>와 함께 <소학교령>, <사범학교 령>, <실업학교령> 등 근대교육 시행을 위한 법령이 반포되었다. 이어 정부는 서울과 주요 지방도시에 관공립소학교를 설립하는 등 근대교육 을 시행하려고 노력하였다. 격변하는 세계정세의 흐름을 염두에 둔 지 배층은 구교육(舊敎育)으로 인한 '허명(虛名)'의 교육을 버리고 신교육 (新敎育)에 의한 '실용(實用)'의 교육으로 나아갈 의지를 밝혔다.

초등교육의 제도적 기반은 1895년 7월 19일 <소학교령>이 공포되 면서 마련되었고, 같은 해 8월에는 <소학교규칙대강>을 공포하여 소 학교의 구체적인 대강(大綱)을 제시하였다.

<소학교령> 제1조에는 "소학교는 아동신체의 발달에 유의하여 국민 교육의 기초와 그 생활상 필요한 보통지식과 지능을 授함을 本旨로 함" 으로서 교육목적을 제시하고 있다.

이 시기 정부에서 제시한 소학교 교육목적은 동양의 유교적 전통이

념에 서구의 실용적 이념을 받아들여, '오륜(五倫) + 실용성 + 공공성
= 국민적 인재 양성'이라는 도식으로 나타난다. 이는 이전의 '소수 인재
양성'에서 점차 '다수 인재양성'으로 교육시스템이 변화해 가는 것으로,
기초적인 초등 보통교육이 도입되는 과도기 양상으로 볼 수 있다.

또한 소학교의 기초교육과정 시스템인 학제(學制)를 제정함으로써
의무교육의 틀을 마련한 지배층은 <소학교령> 제2조에 따라 소학교를
설립주체별로, 정부 설립의 관립, 부(府) 혹은 군(郡) 설립의 공립, 그리
고 민간인 설립인 사립으로 나누었다.

근대조선에 있어서 일본인에 의한 일본어 교육은 1891년 6월 경성에
개설된 日語學堂에서 시작된다. 교장 겸 교사로 부임한 오카쿠라 요시
사부로(岡倉由三郎)2)에 의한 이 日語學堂은 한일교섭의 통역자를 양성
하기 위하여 설립되었으며, 청일전쟁 이후 인천에 官立仁川港外國語學
校, 경성에 日語學校, 부산에 開成學校 등이 세워지고, 1899년에는 平
壤, 京城, 城津에 일본어 학교가 설립3)되어 일본어 교육은 점차 한국
땅에 뿌리내리게 된다.

日本語는 <소학교령>기까지는 단순 외국어로 취급되다가, 통감부
설치 이후 독립된 교과로 선정되면서 시간도 국어(조선어), 산술과 함

---

2) 岡倉由三郎(1868~1936) 明治, 大正, 昭和期의 언어학자. 오카쿠라 덴싱의 동생.
1891년 조선정부로부터 초청받아 일본어학교를 창립. 1896년부터 1925년까지 東京
高師 英語科 主任 역임.
3) 이는 일제가 발행한 문서에 의한 것으로 다소 오류가 있다. "일제는 동학혁명을 좌절
시키고 청일전쟁에서 성공한 후 조선에 친일적인 갑오개혁 정부를 세워 과거제를 폐
지하고 새로운 소학교 교과서 편찬을 결의했다. 고종황제는 1896년 <교육입국조서>
와 더불어 신학제를 시행하며 소학교를 설립했지만 이는 모두 일본의 세력을 배경으
로 <교육칙어>와 학제를 모방하여 교육의 기준을 정한 것이었다. 그리고 갑오개혁
정부가 의무교육의 실시를 결정한 것은 성급한 정책이었고 예산과 교원의 부족 그리
고 교과목에 있어 한문과 諺字의 교수는 서장과 다를 바 없었다."고 일제는 평가했
다.(大藏省管理局編(2000), 『日本人の海外活動に關する歷史的調査』, 東京 : 紀
伊國屋書房, pp.3~4 참조

께 주당 6시간이 배정되었다.

<보통학교령>이 이전의 <소학교령>과 크게 다른 점은, 새로운 교과목으로 일본어가 추가된 것이다. 통감부기 조선에서의 일본어 교육은 간단한 일어를 이해시키고 처세를 위한 목적으로 하였기 때문에 그 내용 또한 지극히 실용적인 것이 주가 된다. 이는 이 시기 조선에 시행하였던 일본어 교육이 「국어 및 한문」에서 추구하였던 장래의 필요성보다는 현실적 필요성에 의한 것임을 말해준다. 그런 점에서 당시 일본어는 「외국어」과목으로 자리 잡았다고도 할 수 있다.4) 그런데 일본어가 외국어로서 새롭게 교과목으로 추가되자 대부분의 국민들은, 아직 한글도 완전하지 않은 아동에게 매주 6시간씩 4학년까지 배정한 것은 아동에게 외국 혼을 주입시켜 국민성을 빼앗을 우려가 있다고 비판하였다.5) 그러나 시대가 변해감에 따라 실용을 위한 외국어로써 교육되었던 일본어가 통감부 이후 주요교과목으로 부상하게 된다.

3) 學部의 교육법령

일본은 1904년 체결된 <한일협정서>에 따라 고문정치를 시작하였다. 1905년 <을사늑약>에 따라 동년 12월 통감부가 설치되었고, 일본인 교육참여관의 감독 아래, 한국의 교육은 일본인의 간섭에 의해 편성된다. 이에 따라 전인교육을 위한 한국 최초의 교원양성기관인 한성사범학교에서 배출된 기존의 한국인 교사는 신교육에 대한 학식과 경험이 부족하다는 표면적인 이유와 '新學制'라는 명분을 내세워 보통학교에 일본인 교사를 파견 임용하게 된다. 이로써 한국교육을 일본인의 통

---

4) 久保田優子(2005), 『植民地朝鮮の日本語教育』, pp.98~99 참조
5) 古川昭(2002), 『舊韓末近代學校の形成』, ふるかわ海事務所, pp.74~86 참조

제 아래 두려는 그들의 의도가 나타나기 시작한다.

　일제는 1905년 행정개혁을 구실로 1,300만 엔을 차관형식으로 강제 대여하고, 이 중 50만 엔을 '학사혁신'이란 명목으로 할당하여, 학교설립과 시설의 신식화를 내세워 한국교육을 통제하고자 하였다. 이어 1905년 교과서 편찬위원회를 설치한 學部는 먼저 보통학교 교과서 편찬 작업에 착수, 1906년에 보통학교용 교과서 일부를 만들어 보통학교의 개교와 더불어 이를 사용하려 하였다.

　교과서 편찬은 1906년 8월 27일 <보통학교령>이 발포됨에 따라 더욱 박차를 가하게 되는데, 시데하라 다이라(幣原坦)의 사임에 이어, 미쓰치 주조(三土忠造)가 취임하여 주로 교과서 편찬에 관여하기에 이른다.

　한편 <을사늑약> 체결 이후 일본의 침략으로부터 국권을 회복하기 위해서 애국계몽운동이 활발히 전개되었고, 이는 서당과 사립학교의 증가로 나타나기도 한다. 그러나 일제는 그들이 의도한 '점진적 동화교육'을 쉽게 이행시키기 위해서 '文明的 敎育'이라는 이론적인 무기로 이를 무마시키며, <보통학교령> 및 <보통학교령시행규칙>을 공포하고, 이를 동년 9월 1일부터 시행한다. 이렇듯 조선에 대한 교육적 지배가 시작됨으로써, 조선인 교육의 행정권은 전적으로 일본인의 손으로 넘어가게 된다.

　이 시기 통감부에서 교육제도를 정비한 주요 法令制定은 <표 1>과 같다.

〈표 1〉 통감부 시기 한국에서의 교육법령

년 월 일		교 육 법 령
1906	8월 27일	普通學校令
	8월 31일	師範學校令, 外國語學校令, 高等學校令
1908	4월 2일	高等女學校令
	8월 26일	私立學校令
	8월 28일	學部令, 公立私立學校認定에 關한 規定, 敎科書用図書檢定規定
	12월 29일	成均館官制
1909	4월 27일	實業學校令
	7월 9일	實業學校令施行規則, 高等女學校令施行規則, 師範學校令施行規則, 高等學校令施行規則, 外國語學校令施行規則

1908년 8월 28일에는 <학부령> 제16호로 <敎科用圖書檢定規程>을 공포하여 교과용도서의 검정과 인가를 받게 하였으며, 학생용과 교사용의 교과용 도서는 우선적으로 학부에서 편찬하기로 하였다.

학부는 국정교과서를 직접 편찬할 뿐 아니라 사립학교 교과용 도서의 질적 개선을 도모한다는 명분 아래 그 실상은 교육내용을 규제할 목적으로 민간인 저작 교과용 도서를 검정하였다. <교과용도서검정규정>을 보면, 공사립보통학교의 교과용 도서는 '① 학부에서 편찬한 것, ② 학부대신의 검정을 받은 것, ③ 이상에 해당된 도서가 없을 경우 학교장이 학부대신의 인가를 받아서 다른 도서를 쓸 수 있다.'는 규정에 합당해야 했다. 또한 <사립학교령>(1908. 8) 제16조에 <사립학교교과서에대한규정>도 앞의 <교과용도서검정규정>에 준하는 내용이 제시되어 민족의식·배일사상을 고취하는 내용은 배제하도록 통제하였다. 이에 따라 <보통학교령>기의 한국교육은 '구국'과 '식민지화'라는 서로 병행할 수 없는 목적이 다른 교육으로 대립하는 새로운 이중구조에 놓이게 된 것이다.

3. 합병 후 조선의 교육제도와 일본어 교육

1) 조선에서의 교육제도

일제의 조선에 대한 끊임없는 침략야욕은 청일, 러일전쟁의 승리를 통하여 구체화되었다. 1905년 7월 29일 체결된 <가쓰라 - 태프트 밀약>6), 그리고 같은 해 9월 5일의 <포츠머스조약>7)을 통해 마침내 열강들로부터 한국의 보호국화(保護國化)에 대한 승인을 얻어낸 일제는 한국에 보호조약을 강요하기 시작하여, 1905년 11월 마침내 <을사늑약>을 체결하였다. 이 협약으로 인하여 조선은 외교권이 박탈되었으며, 이듬해 2월 초대통감으로 이토 히로부미(伊藤博文)가 부임하여 정부의 실권을 장악하게 된다.

---

6) 일본 총리 가쓰라 다로(桂太郎)와 미국 루스벨트 대통령의 특사인 육군 장관 W. H. 태프트 사이에 맺어진 비밀협약으로, 미국의 대필리핀 권익과 일본의 대조선 권익을 상호 교환조건으로 승인하였다. 이 비밀협정에 의해서 미국의 한국문제 개입의 가능성을 배제시킨 일본은 같은 해 8월에 제2차 '영일동맹'을 통해 일본이 조선을 지도 및 보호한다는 승인을 얻어냈다.

7) 러일전쟁 이후 열강들의 조정, 강화 문제가 제기됨에 따라, 미국의 대통령 루스벨트의 중재로 미국의 군항도시 포츠머스에서 8월부터 러시아와 일본 사이에 강화회의가 열렸는데, 일본 측이 제시한 12개 조항을 토대로 진행되어, 9월5일 일본의 외상 고무라 주타로(小村壽太郎)와 러시아 재무장관 비테와의 사이에 조인된 강화조약이다. 주요 내용은 ①한국에 대한 일본의 지도, 보호, 감리권의 승인, ②뤼순 · 따렌(大連)의 조차권 승인, 장춘(長春) 이남의 철도부설권 할양, ③배상금을 청구하지 않는 조건으로 북위 50° 이남의 남사할린 섬 할양, ④동해, 오호츠크 해, 베링 해의 러시아령 연안의 어업권을 일본에 양도한다는 것 등이다. 이 조약으로 미국, 영국뿐만 아니라 패전국 러시아도 일본의 한국 지배를 승인함으로써 일제의 한국 지배가 국제적으로 확인되었다.

일제는 통감부를 설치한 후 조선의 황제와 대신들은 그대로 두고, 차관 이하 조선중앙정부의 요직은 일본인들로 하여금 점유하게 하는 등 실권을 행사하면서 조선에 대한 지배체재를 공고히 하였다. 1907년 네덜란드 헤이그에서 개최된 만국평화회의를 통해, 이준 열사로 하여금 <을사늑약>의 부당성을 폭로하고 호소하여 한국의 국권을 회복하려 하였으나, 이토 히로부미는 7월 3일 밀사파견 사실을 알고는 일본 장교단을 거느리고 고종을 찾아가 협박한 후 이를 빌미로 고종의 폐위를 일본 총리대신에게 건의했다. 이에 이완용 내각은 7월 6일 어전회의를 소집하여 고종에게 일제에 대해 사죄할 것을 종용하였으며, 통감부는 7월 8일 궁금령(宮禁令)을 실시하여 고종을 감금하고, 17일 이완용, 송병준 등으로 하여금 고종에게 퇴위하도록 협박하게 했다. 그리고 마침내 7월 20일, 일본 군대의 포위 속에 고종은 표면적으로 순종에게 황위를 양위하는 형식을 갖추었지만, 사실상 일제에 의해 폐위 당했던 것이다. 이어서 한국 군대를 강제로 해산시키고 <제3차 한일협약>에 의한 차관정치로 한국의 내정까지 장악한 일제는 1910년 8월 20일 병합에 조인케 하였으며, 8월 29일 한국은 마침내 일본에 합병되기에 이른다.

　<한일합병>이 이루어지자, 일제는 제국주의 식민지정책 기관으로 <朝鮮總督府>를 설치하고, 大韓帝國을 일본제국의 한 지역으로 인식시키기 위하여 <朝鮮>으로 개칭(改稱)하였다. 아울러 초대 총독으로 데라우치 마사타케(寺內正毅)를 임명하여 무단정치와 제국신민 교육을 병행하여 추진함으로, 조선의 모든 교육행정은 조선총독부의 강력한 통치를 받게 된다. 조선통감부기부터 이미 '각종 법령 및 시행규칙'이 제정 또는 개정되어 조선의 교육제도는 점차 일본화 되어가고 있었는데, 합병이 되자 데라우치 마사타케는 경찰력을 이용하여 강력한 무단정치

와 제국신민 교육을 병행하여 추진하였다.

식민지 초기, 일제의 조선통치 방침은 '점진적 동화주의'에 그 목적을 두었으며, 보통학교를 거점으로 하여 교화정책을 구상하였다. 일제의 동화정책은 조선인에게 "보통교육 즉 독서, 습자, 산술을 가르치는데 만족하고 황국신민을 위한 품성과 기풍을 교화하는 데 목적이 있지 그 이상의 학과는 필요치 않는 것"이었다. 그 중에서도 특히 일본어 교육은 식민지 조선이라는 식민지의 특수한 상황에서 동화정책 중에서도 가장 기본적인 수단으로 중요시되었다. 이는 말과 역사를 정복하는 것이 동화정책의 시작이요 완성이라는 의미이다.

일제는 조선의 교육 전반을 다스릴 법령 제작에 착수하였다. 하지만 법령이 완성되기 전까지의 근거자료로써, 교육부분 특히 교과서 발행에 관한 모든 조치를 신문 등 각종 매체를 통하여 홍보하였다. 당시 조선총독부의 교과서 편찬 방침은,

> 朝鮮學童의敎科書問題는向日브터內地有識者間의一問題가된지라其編纂方針에對ᄒ야各種議論이區々不一ᄒ나右는目下內務部學務局編輯課에서編纂ᄒᄂ者를脫稿되는대로文部省에送致ᄒ야來年初學期四月브터普通學校,高等學校에對ᄒ야改正敎科書를用케ᄒᆯ터이라從來의日語讀本은國語讀本이라ᄒ고國語讀本은諺文讀本이朝鮮語讀本이라改稱홈은勿論이오其內容도此際에根柢부터改正ᄒ야爲先實業敎育에關ᄒᆫ智識과興味를添ᄒ야殖産農林,鑛業,工藝等의開發에關ᄒᆫ思想을涵養ᄒ야써無爲徒食으로爲事ᄒᆫ惡風을一掃ᄒ고此를誘導ᄒ야勤儉力行의道를知케ᄒ며貯金思想의獎勵等으로爲主ᄒ다더라[8]

---

8) 「朝鮮學童과 敎科書」, 《每日申報》, 1910.11.2, 2면

고 하여, 종래의 『일어독본』을 『국어독본』이라 하고, 기존의 『국어독본』
은 『언문독본』이나 『조선어독본』으로 개칭하였으며, 그 내용도 황국신
민의 품성과 자질을 육성하기 위한 총독부의 교과서 편찬방침에 맞게
개정하도록 지시하였다.

조선총독부는 한국병합 1년 후인 1911년 8월 24일 全文 三十條로 되
어 있는 <朝鮮敎育令>9)을 공포함으로써 본격적인 식민통치 교육을
펼쳐나간다. 초대 조선총독 데라우치 마사타케의 취지는 다음과 같다.

조선은 아직 일본과 사정이 같지 않아서, 이로써 그 교육은 특히
덕성(德性)의 함양과 일본어의 보급에 주력함으로써 황국신민다운
성격을 양성하고 아울러 생활에 필요한 지식 기능을 교육함을 본지
(本旨)로 하고…10)

데라우치 마사타케가 제시한 식민지 교육에 관한 세 가지 방침은, 첫
째, '조선인에 대하여 <敎育勅語>(Imperial rescript on Education)의
취지에 근거하여 덕육을 실시할 것.' 둘째, '조선인에게 반드시 일본어
를 배우게 할 것이며 학교에서 敎授用語는 일본어로 할 것.' 셋째, '조선
인에 대한 교육제도는 일본인과는 별도로 하고 조선의 時勢 및 民度에
따른 점진주의에 의해 교육을 시행하는 것'이었다. 한일합병 직후 교육
령 개정 사항을 정리하면 <표 2>와 같다.

---

9) 敎育編纂會(1964,10), 『明治以降敎育制度發達史』 第十卷, pp.60~63
10) 조선총독부(1964,10), 『朝鮮敎育要覽』, 1919년 1월, p.21. 敎育編纂會 『明治以降
敎育制度發達史』 第十卷, pp.64~65

〈표 2〉 합병 후 〈제1차 조선교육령〉 시기의 교육법령

년 월 일		교 육 법 령
1911	8월 24일	第一次 朝鮮敎育令
	10월 20일	私立學校施行規則, 普通學校施行規則, 高等普通學校施行規則, 女子高等普通學校施行規則, 實業學校施行規則
1915	3월 24일	改正私立學校規則
1918	2월 21일	敎員試驗規則, 書堂規則, 各級學校諸規則

이와 같이 합병 이후 일제는 〈제1차 조선교육령〉에 의하여 조선의 교육제도를 장악하고, 시세(時勢)에 따라 수정 보완하여 통제해 나갔다. 그리고 일본어를 국어로써 배우게 함은 물론 조선어 및 한문 수업 이외에는 다른 과목도 일본어로 수업을 받게 하였다. 또한 교과과정 등 여러 가지 면에서도 일본인과 조선인과의 차별교육은 현격하게 나타났다. 일본인은 6년 과정의 심상소학교로 운영했으나 조선인은 3~4년제 과정의 보통학교로 운영하였다. 또한 교과서도 심상소학교에서는 문부성편찬 교과서를 사용하였으나 보통학교에서는 조선총독부편찬 교과서를 사용하였다.

보통학교 교과과정에 있어서도 〈朝鮮敎育令〉과 〈普通學校施行規則〉에 의하여 교육연한은 보통학교 3~4년제, 고등보통학교 4년제, 여자고등보통학교 3년제로 되어 있는데, 이는 일본인학교 교육연한(초등학교 6년제, 중학교 5년제, 고등여학교 5년제)과는 다른 교육정책(1912년 3월 府令 제44호, 45호)을 취하고 있어 '복선형 교육제도' 이었음을 알 수 있다.

2) 교과목과 수업시수

1909년 4월 개정된 <보통학교령>과, <보통학교령시행규칙>에 의하여 정해진 보통학교의 교육과정과 교과목이 종래의 <소학교>가 <보통학교>로 개칭됨에 따라 수업연한을 4년으로 하였으며, 교과목은 수신, 국어, 한문, 일어, 산술, 지리, 역사, 이과, 도화, 체조의 10개 과목으로 설정하였다. 여기에 특기할 만한 것은 보통학교 교과에 日本語가 필수과목으로 추가된 점이다. 여학생은 여기에 수예를 더하고 사정에 따라 창가, 수공, 농업, 상업 중 한 과목 혹은 몇 과목을 반드시 더 하도록 하였다. 또 지리, 역사의 경우는 실제로 시간 수는 별도로 배정되어 있지 않고, 국어와 일어 교과에서 역사나 지리와 관련된 내용을 포함하여 다루도록 하였다.11) 따라서 합병후 조선총독부에 의한 보통학교 교과과정에서도 역사, 지리에 대한 내용을 『訂正 普通學校學徒用國語讀本』에 포함하여 일본어로 교육하였다.

1909년 5월 당시 학부에서 발간한 보통학교용 교과서는 수신서 4권, 국어독본 8권, 일어독본 8권, 한문독본 4권, 理科書(日文) 2권, 圖畵監本 4권, 習字帖 4권, 산술서(교사용) 4권 등 총 7종 41권이었다. 개편된 보통학교 교육과정과 교수 시수는 1906년의 것과 거의 비슷하나 내용에서 주목할 것은 「국어」와 「한문」 두 과목을 「국어 및 한문」 한 과목으로 통합하고 시간수도 남자 10시간, 여자 9시간으로 조정하였다.

보통학교의 교과목 중에서 일본어가 차지하는 위치는 <표 3>과 같다.12)

---

11) 朴英淑(2000), 「解題 第一期 『普通學校國語讀本』について」에서 참고함.
12) 朝鮮敎育會(1935), 『朝鮮學事例規』, pp.409~410.　注 : 空欄은 元本대로

〈표 3〉 보통학교 교과과정 및 매주 시간 수

教科目 / 學年	1	2	3	4	計
修身	1	1	1	1	4
國語(日本語)	10	10	10	10	40
朝鮮語 및 漢文	6	6	5	5	22
算術	6	6	6	6	24
理科			2	2	4
唱歌,體操	3	3	3	3	12
圖畵					
手工					
裁縫 및 手藝					
農業初步					
商業初步					
計	26	26	27	27	106

<표 3>을 보면 「日本語」는 「國語」로, 「韓國語」는 「朝鮮語」로 명칭이 바뀌었음을 알 수 있다. 「國語(일본어)」는 읽기(読方), 해석, 회화, 암송, 받아쓰기(書取), 작문, 습자를 그 내용으로 하며, 매주 수업 시간 수는, 통감부기 주당 6시간이었던 일본어가, 1학년부터 4학년까지 10시간씩 배정하여, 전 학년을 통틀어 총 수업시간의 약 38%를 차지하고 있다. 일본어가 「朝鮮語 및 漢文」 과목에 비해 2배 정도의 교육시간이 배정된 것을 감안하면 당시 교육정책이 일본어 교육에 보다 역점을 두고 있었다는 것을 알 수 있다.

통감부 시기의 교과목과 비교하여 보면 독서와 작문, 습자가 국어로, 본국지리와 외국지리가 지리로 변경되었다. 다시 본국역사와 함께 역사, 지리로 통합되고, 재봉이 수예로 명칭이 변경되었고 한문이 새로 추가되었다. 또 외국어 과목이 일어로 바뀌면서 편제의 순서상 이전 시기

에 가장 마지막으로 제시되었던 외국어가 국어, 한문 다음으로 산술보다 먼저 제시되었으며, 시간수도 6시간으로 국어, 산술과 같은 비중으로 다루어졌다. 또한 창가와 수공, 농업, 상업이 새로 추가되었는데 이는 실사구시의 명분으로 보통학교 교육과정을 기초교육보다는 생활교육 위주로 실용성을 강조한 때문으로 볼 수 있다.

여기서 통감부 시기와 일제 강점기 전반에 걸쳐, 각 시기에 따른 학년별, 과목별 주당수업시수를 <표 4>로 정리하였다.

〈표 4〉 조선에서의 수신 · 조선어 · 한문 · 일본어의 주당 수업시수

학년	통감부 (1907)				제1기 (1911)			제2기 (1922)			제3기 (929)			제4기 (1938)			제5기 (1941)
	수신	조선어	한문	일어	수신	국어(일어)	조선어(한문)	수신	국어(일어)	조선어	수신	국어(일어)	조선어	수신	국어(일어)	조선어	국어국민과수신·
1	1	6	4	6	1	10	6	1	10	4	1	10	5	2	10	4	11
2	1	6	4	6	1	10	6	1	12	4	1	12	5	2	12	3	12
3	1	6	4	6	1	10	5	1	12	3	1	12	3	2	12	3	2, 9
4	1	6	4	6	1	10	5	1	12	3	1	12	3	2	12	2	2, 8
5								1	9	3	1	9	3	2	9	2	2, 7
6								1	9	3	1	9	2	2	9	2	2, 7
계	4	24	16	24	4	40	22	6	64	20	6	64	20	12	64	16	62

* 제1기(보통학교시행규칙, 1911. 10. 20), 제2기(보통학교시행규정, 1922. 2. 15), 제3기(보통학교시행규정, 1929. 6. 20), 제4기(소학교시행규정, 1938. 3. 15), 제5기(국민학교시행규정, 1941. 3. 31)

3) 실업교육

<제1차 조선교육령>의 핵심정책은 일본어 교육, 보통교육, 실업교육의 강화정책이었다. <조선교육령> 제6조를 보면 "실업교육은 농업,

상업, 공업 등에 관한 지식과 기능을 교수함을 목적으로 한다."라 규정하고, 다시 제20조부터 제24조에 걸쳐 실업학교에 관한 세부사항을 본령에 규정하여 명시하였다.

제20조 : 실업학교는 농업, 상업, 공업 등 실업에 종사하려는 자에게 필요한 교육을 하는 곳으로 한다.

제21조 : 실업학교를 나누어 농업학교, 상업학교, 공업학교 및 간이실업학교로 한다.

제22조 : 실업학교의 수업연한은 2년 내지 3년으로 한다.

제23조 : 실업학교에 입학할 수 있는 자는 나이 12세 이상으로 수업연한 4년의 보통학교를 졸업한 자, 또는 이와 동일 이상의 학력을 가진 자로 한다.

제24조 : 간이실업학교의 수업연한 및 입학 자격에 관하여는 제2조의 규정에 따르지 않고 조선총독이 정한다.

일제가 이러한 규정을 세부적인 시행세칙에 넣지 않고 조선교육령 본문에 6개나 되는 조항으로 규정하여 명시한 것은 실업교육에 상당한 비중을 두고 있음을 말해준다. 이 같은 사실은 이미 1904년 <제2차 한일협약> 체결 이후 한국에서 실업교육의 강화에 착수한 것으로도 알 수 있다. 대한제국 정부에서 1899년 상공학교를 처음 설립하고 실업교육을 시작하였을 때는, 모든 규정도 미비하였고 교육내용도 제대로 갖추지 못한 상태였다. 그리하여 1904년 농·상·공 학교 관제를 공포13)한 후 실업교육 발전의 기반을 구축하였다.14) 그러나 같은 해 <제1차

---

13) 칙령 제16호 「농·상·공 학교 관제」, 「구한국관보」, 1904년 6월 11일자.

14) 홍덕창(1996), 「일제시대의 실업교육에 관한 연구」, 「總神大論叢」 제15집, pp.5~6 참조

한일협약> 체결을 기화로 일제는 한국의 정치에 간섭하기 시작하였다. 이어 1906년부터는 본격적으로 모든 교육의 개편작업에 착수하였으며, 1909년 <실업학교령>을 공포함으로써 실업교육의 확장에 박차를 가하기 시작하였다. 이는 장차 대륙진출을 위한 교두보로써 조선을 식민지화 하여 부족한 식량, 모든 물자의 공급기지, 그리고 저렴한 노동을 필요로 했던 일제의 의도가 실업교육으로 나타난 것이라 할 수 있다.

일제가 유난히 실업교육을 강조한 저의는 "실용적 실무도야란 가장 하에 그 교육에 필요한 일본교육을 가르쳐서 한국인의 자주독립 정신을 말살하고 하급 실무 노동자를 양산하는 데 뜻을 둔 것."[15]이었다.

일제는 식민지 초기부터 모범교육이란 미명하에 식민지인에게는 수업연한을 단축하였으며, 교육기회를 축소하였고, 고등교육에 대해서는 그 기회마저 억제하려 하였다. 이는 일제의 경제적 수탈을 원활하게 하기 위한 방편으로, 식민지 교육정책상 인문교육보다는 실업교육의 강조로 나타난 것이다. 이로써 한민족의 우민화를 꾀하고, 저급한 노동력을 양성하고자 하였다. 이는 일제가 표방한 실용주의 즉 공리공론의 허명을 떠나 실질적인 것을 취한다는 교육이념 속에서 구체화되어 나타난다. 그리하여 본격적인 지하자원과 토지 수탈에 필요한 광산기술, 토지조사, 그리고 측량 등의 보조원 양성을 위한 저급한 기술교육이 실업교육의 이름으로 이루어지게 되었다.

이에 따라 일제는 보통학교와 고등보통학교에 농업교과와 상업교과 즉, 초등학교인 보통학교 교과 과정에 실업교과인 「농업초보」, 「상업초보」 등과 실업교과와 유사한 「수공」, 「재봉과 수예」 등을 배정했다. 중등학교에서 간이학교와 같은 하위 수준의 실업교육에 역점을 둔 실업

---

15) 渡學部 外(1975), 『朝鮮教育史』(世界教育大界), 講談社, p.214

학교 교육은 통감부의 우민화 정책의 연장선이며, 일본 자본주의의 수탈을 강화하기 위해서 조선인을 저급한 기술인으로 양성하여 식민지 지배의 하수인으로 삼고자 한 것으로 파악할 수 있다.

4) 초등교사의 양성

데라우치 마사타케의 <조선교육령>에 의한 교육은, 일상생활에 '필수(必須)한 지식기능'을 몸에 익혀 실세에 적응할 보통교육을 강조하는 한편, 1911년 11월의 「일반인에 대한 유고(諭告)」에서는 '덕성의 함양'과 '일본어 보급'을 통하여 '신민양성의 필요성'을 역설하였다.

이러한 교육목적에 부합하는 충량한 신민을 양성하기 위해서 일제는 구한말 고종의 <교육입국조서>의 취지에 따라 설립했던 '한성사범학교'를 폐지하고 다양한 교권양성과정을 구상하여 제시하였다. 초등교육을 위한 교사의 양성이 무엇보다도 시급하게 된 일제는 그 일환으로 우선 관립 남녀중등학교에 단기교원양성과정을 부설하여 초등교원을 양성하도록 하였다. 관립 남녀중등학교에 부설된 교원양성기관은 사범과, 교원속성과, 임시교원양성소, 임시교원양성강습회로 나뉘며, 특히 사범과, 교원속성과에서는 주로 보통학교의 한국인 교원을 양성하였다. <조선교육령>의 교원교육에 관련된 조항(제14조와 19조)을 살펴보면 다음과 같다.

> 제14조 : 관립고등보통학교에는 사범과 또는 교원속성과를 두어 보통학교의 교원이 되려는 자에게 필요한 교육을 할 수 있다. 사범과의 수업연한은 1년, 교원속성과의 수업연한은 1년 이내로 한다. 사범과에 입학할 수 있는 자는 고등보통학교를 졸업한 자로 하고 교원속성과에 입학

할 수 있는 자는 나이 16세 이상으로 고등보통학교 제2
학년의 과정을 수료한 자, 또는 이와 동등 이상의 학력
을 가진 자로 한다.

제19조 : 관립여자고등보통학교에는 사범과를 두어 보통학교의
교원이 되려는 자에게 필요한 교육을 할 수 있다. 사범
과의 수업연한은 1년으로 한다. 사범과에 입학할 수 있
는 자는 여자고등보통학교를 졸업한 자로 한다.

그러나 이러한 과정만으로 급증하는 보통학교에 대한 초등교원의 수
요를 충족시킬 수가 없어서 관립중등학교에 임시교원양성소를 두어 단
기간에 교원을 양성하도록 하였다. 이에 따라 사범과, 교원속성과와는
또 다른 교원양성과정으로, 관립중등학교에 1~3년 과정의 '임시교원양
성소', '임시소학교교원양성소', '임시여자교원양성소' 등을 부설하여 보
조교원을 양성하였다. 뿐만 아니라 조선총독부는 '초단기임시교원양성
강습회'까지 열어 부족한 교원을 양산해 내기도 하였다. 이러한 '임시교
원양성소'와 '임시교원양성강습회'에서는 한국인 교원 뿐 아니라 일본
인 교원도 양성하였는데, 한국인 교원에게는 주로 교과 교육과 관련된
내용을, 일본인 교원에게는 한국문화의 이해와 관련된 내용을 교수하였
다.

<조선교육령> 시행기의 임시교원양성소는 '소학교'의 일본인 교원
을 양성하기 위한 기관으로 1911년 경성중학교에 설치된 임시교원양성
소가 있으며, 한국인 교원을 양성하기 위한 임시교원양성소는 경성고등
보통학교와 경성여자고등보통학교에 부설하였다.

경성고등보통학교 부설 임시교원양성소는 1911년 3년 과정으로 설
립되었다. 이 양성소는 관립한성상업학교 본과 과정이 개편된 것으로,

입학 자격은 16세 이상의 고등보통학교 제1학년 수료자 또는 이와 동등 이상의 학력이 있는 자로 제한하였고, 수신, 교육, 국어, 조선어 및 한문, 역사, 지리, 수학, 이과, 실업, 습자, 도화, 수공, 음악, 체조의 교과목을 배우게 하였다.16) 이 양성소는 처음에는 보통학교에서 근무할 한국인 교원을 양성하기 위하여 설립되었으나 조선내의 일본인 교원이 부족하게 되자 1913년에 규정을 개정하여 1부는 3년 과정으로 한국인 교원을, 2부는 1년 과정으로 일본인 교원을 양성하게 된다. 당시 조선총독부 관보(1913.3.31)에 의하면 1부의 경우 이전의 입학 자격과 동일하였으나, 2부의 입학 자격은 중학교 졸업자 또는 17세 이상으로 이와 동등 이상의 학력 소지자로 하여, 교원양성과정에 있어서도 차등을 두었음을 알 수 있다.

5) 야학을 통한 일본어 교육

근대 신학문을 접하면서 조선인의 높은 교육열은 보통학교 교육에 대한 요구로 전환되어 표출되었다. 일제는 이러한 요인을 실력양성론의 확대, 학교의 선발배치기능과 조선인의 직업 취득요구의 토대로 보았다. 즉 전통적인 성리학적 특권을 향유하는 지배계급의 지위에 오르는 것을 교육의 목표로 보았던 전통적인 교육관이 점차 신학문을 배워서 실력을 양성함과 동시에 특권적인 지위를 획득할 수 있다는 교육열로 나타난 것이다.

그러나 이러한 교육열은 한일합병 직후 관공립보통학교의 취학기피 내지는 거부하는 경향으로 나타났다. 이런 현상은 통감부 시기와 마찬가지로 주로 민족적 저항과 근대교육에 대한 저항이라는 맥락에서 이

---

16) 김경자 외 공저(2005), 『한국근대초등교육의 좌절』, 교육과학사, p.177 참조

루어졌다. 일본에 의해 다소 변형된 형태로 도입된 근대교육이 일본을 통해 강제로 부과되었다는 사실은 전통교육에 대한 관념을 강화시켜 근대교육에 대한 더 큰 저항을 불러일으켰다. 이에 따라 조선총독부는 민심을 수습할 목적과, 보통학교가 동화교육의 기본이 된다는 판단 아래 <3面 1校制>라는 보통학교 증설정책을 추진하여, 1912년부터 꾸준히 보통학교를 신설하는 한편 사립학교와 사립보통학교의 조직을 변경함으로써 공립보통학교의 수를 점차 늘려갔다. 그러나 사립학교에서 공립학교로의 전환은 당시 지방민에 의해 운영되던 학교의 재산을 탈취한다는 인상을 주게 되어, 도시보다 농촌에서 취학기피의 한 요인이 되기도 한다. 새로운 것에 대한 기피현상과 일제에 대한 거부감은 1910년대 공립학교 취학률 저조현상으로 나타나게 된 것이다.

한편 야학과 서당은 일제강점기 근대교육을 위한 또 하나의 대안이었다. 당시 야학의 교육목표는 문맹퇴치였으며 교육대상은 제도권 교육기관에 취학하기 어려운 학령 아동이나 교육의 혜택을 전혀 받지 못한 문맹의 노동자, 농민 및 그의 자제들이었다. 때문에 일제가 <사립학교령>을 통해 사학에 대한 탄압을 자행할 때 야학은 이러한 규제로부터 비교적 자유로웠으며 운영주체의 의지에 따라 쉽게 운영될 수 있었다.

이들의 연령은 학령아동에서 50세까지 다양하였는데, 그래도 대다수는 학령아동에 해당하였다. 문맹퇴치를 위한 교육이었던 만큼 교육내용도 문자해독 또는 문자습득이라는 초보적 수준이었으며, 한글을 중심으로 초보적인 한자, 산술, 습자 등을 교수하였다. 또한 야학은 신분이나 계급에 대한 차별 없는 근대교육의 보급함으로 균등한 교육기회를 부여하여 개인의 능력을 배양시킴으로써 근대교육의 모습을 보였을 뿐 아니라 민족운동에도 한몫을 하였다.

그러나 자강운동기에 설립된 1,000여개의 야학은 1910년대에 국내 민족운동의 전반적인 침체와 더불어 대부분 중단되거나 일본어 교육기관으로 변질되어 갔다. 1913년 <조선총독부령> 제3호의 「사설학술강습회에 관한 건」에 의하여 '야학설립인가권'을 장악한 일제는 민족야학에 대한 통제 강화로, 친일적인 인사나 관청에서 대부분을 운영하였다. 이는 일본어 보급을 위한 식민야학을 관청의 주도로 선도하게 되었다는 의미이며, 일본어는 야학의 가장 주요한 교과목이 되었다. 따라서 문맹퇴치라는 긍정정인 기능을 하였음에도 불구하고 식민지 교육정책을 보조하는 결과 초래로, 대다수 야학이 일본어 보급을 위한 '국어강습소'로 변질되는 현상17)으로 나타나기도 하였다.

4. 조선총독부의 보통학교 교육정책

조선총독부는 1911년 8월 <제1차 조선교육령>을 발포하고, 같은 해 10월 <보통학교시행규칙>, <고등보통학교시행규칙>, <여자고등보통학교시행규칙>의 제정에 따라 교과서 편찬사업을 착수하였는데, 이는 1905년 2월부터 일본인 시데하라 다이라(幣原坦)가 學部의 고문인 학정참여관(學政參與官)으로 들어와 『日語讀本』 등의 발간에 이어 다른 교과의 교과서 편찬 착수의 연장이라 할 수 있다. 1906년 2월에 통감부가 설치되고 <보통학교령>이 발포됨에 따라 식민지교육을 위한 교과서 편찬에 더욱 박차를 가하게 된다. 따라서 초대 통감 이토 히로부미는 교과서 편찬 지연 및 행정력의 무능의 책임을 물어 동년 6월 시데하라

---

17) 김경자 외 공저(2005), 앞의 책, pp.24~25 참조

다이라를 해임하고 미쓰치 주조를 학정참여관으로 임명(囑託)18)하여 교과서 편찬을 단행하기에 이른다.

그 당시 통감부 학부에서 시행한 「敎科書의 內容에 關훈 調査」를 보면 가장 중요한 심사기준은 '조선과 일본의 관계 및 친교를 저해하거나 비방하는 배일사상' 내용의 유무19)에 있었다. 따라서 미쓰치 주조는 <사립학교령>을 발포하여 이전의 '불량한 교과서'를 점차 정부 편찬의 교과서로 사용하도록 하였고, 다른 교과서를 사용할 때는 <교과용도서 검정규정>에 의하여 학부의 인가를 받도록 하였으며, 1908년에는 각 교과목에 대한 통일된 교과서를 출판하여 당시 존재한 약 10여 개의 관공립보통학교에서 사용케 하였다.

일본의 교과서는, 메이지 초기 <自由制>, 1880년 <開申制(届出制)>, 1883년 <認可制>, 그리고 1886년 <檢定制>를 거쳐, 1904年 <国定敎科書>에 이른다. 그러나 당시 식민지 교과서정책은 바로 <허가제>에서 <인가제>로, 다시 <검정제>로 하여 최종적으로 <국정교과서>로 규제해가는 교육정책을 취했다.

합병이 되자, 조선총독부 보통교육 정책의 근간이 되는 풍속미화는 황국신민의 품성과 자질을 육성하기 위한 것으로 일본의 국체정신과 이에 대한 충성, 근면, 정직, 순량, 청결, 저축 등의 습속을 함양하는데 있었다. 일본에서는 이를 <통속교육위원회>라는 기구를 설치하여 사회교화라는 차원에서 실행하였는데, 조선에서는 이러한 사회교화 정책을, 보통학교를 거점으로 구상한 점이 일본과 다르다 할 수 있다.20)

18) 정재철(1985), 『日帝의 對韓國植民地敎育政策史』, 일지사, pp.193~210
19) 학부(1909.03), 『敎科書의 內容에 關훈 調査』
20) 정혜정·배영희(2004), 「일제 강점기 보통학교 교육정책연구」, 『敎育史學 硏究』, 서울대학교 敎育史學會 편, p.166 참조

이에 따라 일제는 구학부가 편찬한 교과서뿐만 아니라 검정 및 인가
한 교과서에 대해서도 시정하도록 지침을 하달하였다. 이는 주로 황실
에 관한 사항, 국호, 연호 및 축제, 제도에 관한 것, 한국과 일본 간의
역사적 사실에 관한 것에 대한 수정지침으로, 일제는 1911년 2월 舊 學
部 검정 및 인가 교과용 도서에 대한 「敎授上의 注意 幷 字句訂正表」[21]
를 제정, 반포하였다. 이 「敎授上의 注意 幷 字句訂正表」에 나타난 일제
의 교수정책은 다음과 같이 요약할 수 있다.

첫째, 황실에 관한 것

조선인으로 하여금 대한제국의 황실 대신 일본 황실을 봉대(奉
戴)하도록 하고 일본의 황국신민임을 인식시키는데 중점을 두게 했
다. 그 상세한 지침은 다음과 같다.
　① 한일합병의 결과로 조선인이 받들을 황실은 대일본 천황폐하,
　　　황후폐하 및 황족인 것.
　② 역사 교과서 중에 前 한국 황제폐하에 대하여 '금상폐하'라는
　　　경칭을 사용한 것이 있으나 금일 이후로는 대단히 부적절하
　　　므로 사용하지 말 것.
　③ 역사 교과서 중에 현재 천황폐하에 관한 기사에 '일본 천황께

---

21)　舊學部檢定並二認可ノ図書ハ其數甚多ク、今般韓國併合ノ結果教材並二字句
　　ノ不適當トナルニ至リタルモノ少カラザレドモ、各種各冊二就キ敎授上ノ注
　　意並二字句ノ訂正ヲナスハ殆ド其煩二堪ヘザルノミナラズ、敎授者ノ參考ト
　　シテ却テ不便ノ點多カルベシト思惟スルニ付、此種ノ圖書中ニ顯ハルル不適
　　當ナル事項ヲ槪括列擧シ、之二對シテ一般ノ注意ヲ與フルコトヽナセリ、故
　　ニ或特殊ノ敎材ニ對シテハ的確二當筬マラザル場合往々之アルベシト雖モ、
　　敎授者ハ宜シク下二揚クル各事項二關スル注意ヲ熟讀シ、之二準據シテ敎科
　　書中ノ不適當ナル記事並二字句ヲ訂正敎授シ、敎育上遺算ナカランコトヲ要
　　ス。**敎授上ノ注意並二字句訂正表　內務部學務局**：「第二 舊學部檢定及認可教
　　科用圖書ニ對スル敎授上ノ注意」『植民地朝鮮敎育政策史料集成』第18卷 – 第
　　四集 敎科書編纂關係資料 – 龍溪書舍(1990), pp.10～15(각주 27번까지 동일자
　　료)

서는' 등으로 기술하여 경칭을 사용하지 않은 것이 있는데, 이런 경우엔 반드시 '폐하'라는 경칭을 부가하여 '일본국 천황폐하께옵서는'과 같이 정정 교수할 것.

④ '本朝' 또는 '我朝' 등의 말을 사용한 여러 교과서가 있으나 이는 모두 '李朝'로 고칠 것.22)

둘째, 국호에 관한 것

① 역사, 지리, 독본 등의 교과서에 '이조 태조가 業을 創하여 국호를 조선이라 정하고 광무 원년에 至하여 <大韓>'이라 개칭한 일을 기술한 것이 많으나, 이를 교수할 경우에는 국호는 1910년 8월 29일 <칙령 제318호>로써 폐지되고 '朝鮮'이라 칭하기로 정한 것을 알게 할 것.

② 종래의 교과서 중에는 대한제국, 한국, 또는 我國, 我韓, 本國 등의 명칭을 사용한 것이 많은데, 조선은 이미 대일본제국의 일부가 됨으로써 이러한 명칭을 개정 교수함이 긴요함.23)

---

22) 第一 皇室ニ關スル事：學部檢定並ニ認可ノ圖書中、前韓國皇室ニ關スル記事ヲ揭グルモノアリ、斯ル敎材ハ今日其儘之ヲ敎授スベカラザルハ言ヲ俟タズ、敎師ハ宜シク左記各項ノ趣旨ニ依リ訂正敎授スベシ。一、日韓倂合ノ結果、朝鮮人ノ奉戴スル皇室ハ大日本 天皇陛下、皇后陛下並ニ皇族ナルコト、二、歷史等ノ書中、前韓國皇帝陛下ニ對シ「今上陛下」ナル敬稱ヲ用ヒタルモノアレドモ、今日ニ於テハ全然不適當ナルニツキ使用スベカラザルコト。三、歷史等ノ書中、現在ノ天皇陛下ニ關スル記事ニ「日本國天皇陛下께서는」ナド記シテ敬稱ヲ用ヒザルモノアリ、斯ル場合ニハ必ズ「陛下」ナル敬稱ヲ附加シ、「日本國天皇陛下께옵서는」ノ如ク訂正敎授スベキコト。四、「本朝」又ハ「我朝」等ノ語ヲ用フル所諸書ニ之アルモ總テ「李朝」ト改ムベキコト。

23) 第二 國號ニ關スル事：一、歷史、地理、讀本等ノ書ニ於テ李朝太祖業ヲ創メ國號ヲ朝鮮ト定メ、降テ前太皇帝ノ光武元年ニ至リ改メテ大韓ト稱セシコトヲ記スルモノ多キモ、斯ル事項ヲ敎授スル場合ニ於テハ該國號ハ明治四十三年八月二十九日勅令第三百十八號ヲ以テ廢止セラレ朝鮮ト稱スルコトニ定メラレタルヲ知ラシムベシ。二、從來ノ敎科書中ニハ「大韓帝國」、「韓國」、「我國」、又ハ「本國」、「我韓」等ノ名稱ヲ用フルコト頻ル多キモ、朝鮮ハ旣ニ大日本帝國ノ一部ナルヲ以テ此等ノ名稱ヲ適當ニ訂正敎授スルコト緊要ナリ、然レドモ此種ノ例ハ殆ト枚擧ニ遑アラザルヲ以テ左ニ數例ヲ揭ケテ訂正ノ標準ヲ示スニツキ、敎師ハ此等ヲ參考シテ適宜ノ措置ヲナスヲ要ス。(擧例中訂正ノ字句ハ括弧ニ入ル)

셋째, 연호에 관한 것

역사 교과서에 전 한국 황제의 즉위와 함께 융희(隆熙)라 改元한 일을 기술한 것이 있는데, 이와 같은 것을 교수할 경우에는 구한국의 연호 융희는 1910년 8월 29일로 폐지되고 앞으로는 메이지(明治)의 연호를 사용함이 당연한 것을 알게 할 것.24)

넷째, 축제일에 관한 것

① 독본 등의 교과서 가운데 개국기원절 또는 건원절에 관한 교재를 게재한 것이 있는데 구한국 경축일은 이미 폐지되었으므로 지금부터는 이러한 교재는 교수치 말고 대일본제국 국민으로서 당연히 제국의 축제일을 준수할 것을 가르치며, 또한 본서의 부록으로는 <축제일 약해>를 달아 축제일에 관한 일반 주의와 각 축제일의 요령을 교수할 것.

② 독본 중에 구한국 국기에 관한 교재를 게재한 것이 있으나 이역시 교수치 말고 지금부터는 마땅히 일장기가 국기임을 알게 할 것과 축제일에는 일장기를 세워 성의를 표하도록 가르칠 것.25)

다섯째, 제도에 관한 것

구한국의 중앙 정부조직 및 지방행정 제도를 게재한 도서가 적지 않은데, 이 교재는 이제 교수 불가함. 교사는 마땅히 1910(明治43)

---

24) **第三 年號二關スル事**：歷史等ノ書二於テ前韓國皇帝ノ卽位ト共二隆熙ト改元セラレタル事ヲ記スルモノアリ、斯ル事項ヲ敎授スル場合ニハ、舊韓國ノ年號隆熙ハ隆熙四年八月二十九日限廢止セラレ、同日ヨリ以後ハ明治ノ年號ヲ用フベキコトヲ知ラシムベシ。

25) **第四 祝祭日二關スル事**：一、讀本等ノ中二開國紀元節又ハ乾元節二關スル敎材ヲ揭載スルモノアリ、然レドモ舊韓國慶祝日ハ旣二廢止セラレタルモノナレバ、自今此等ノ敎材ハ敎授スルコトナク、大日本帝國國民トシテ當然帝國ノ祝祭日ヲ尊守スベキコトヲ敎ヘ、日本書ノ附錄トセル祝祭日略解二依リ祝祭日二關スル一般ノ心得ト各祝祭日ノ要領トヲ授クベシ。二、讀本中二舊韓國國旗二關スル敎材ヲ揭クルモノアリト雖モ、之レ亦敎授スルコトナク、自今宜シク日章旗ヲ以テ國旗ト心得ベキコト、並二祝祭日等二日章旗ヲ立テ、誠意ヲ表スベキコトヲ敎フベシ。

년 9월 30일 <칙령 제354호> 조선총독부관제, <칙령 제357호> 조선총독부 지방관 관제 등에 기초하여 현재의 정치기관 일반을 교수함이 타당하며, 그 대요는 「학부편찬 보통학교용 교과서에 관한 주의」 중에서, 『국어독본』 권5 제9과 「정치기관」에 대하여 부여한 주의 각 항을 참조할 것을 요함.26)

여섯째, 과거 日本과 朝鮮 간에 발생한 歷史上 사실에 관한 것

역사 지리 등의 교과서 중에 '왜구'라 칭하던 일본의 조선 침략, 몽고 및 고려의 일본 원정, 임진란의 기사 등을 다소 기재한 것이 있는데, 이러한 교재를 가르칠 경우 교수자는 신중하게 주의하여, 결코 과장된 언사를 사용하는 사항을 가르치는 일이 없어야 함은 물론, 피교육자의 사정, 학년 등에 따라 역사 또는 지리 수업에서 어쩔 수 없이 필요한 사항에 한하고, 오로지 일본인과 조선인 간의 감정을 해치는 사항의 수업은 피하고, 기타 예와 같이 임진란의 義士를 들어 義勇을 교육하는데, 이것도 다른 예화로 대신할 것이며, 또 가끔 지리서에 있는 임진란 등의 유적 등에 대하여도 당시 현지의 산업에 관한 사항 설명에 힘쓰는 등, 교수상의 주의에 끊임없이 진력할 것.27)

---

26) 第五 制度ニ關スル事 ： 舊韓國ノ中央政府組織並ニ地方行政制度ヲ揭載スル圖書少カラザルモ、斯ル教材ノ今日ニ於テ教授スベカラザルハ言ヲ俟タズ、教師ハ宜ク明治四十三年九月三十日勅令第三百五十四號朝鮮總督府官制、勅令第三百五十七號朝鮮總督府地方官官制等ニ基キ簡明ニ現時ノ政治機關一斑ヲ教授スベシ、其大要ハ學部編纂普通學校用教科書ニ關スル注意中國語讀本卷五第九課「政治ノ機關」ニ就キ與ヘタル注意各項(第七頁)ヲ參照スルヲ要ス。

27) 第六 舊時日本朝鮮間起歷史上事實ニ關スル事 ： 歷史地理等ノ書中ニ昔時倭寇ト稱セシ日本邊民ノ朝鮮侵略、蒙古及高麗ノ日本入寇並ニ壬辰亂(文錄慶長ノ役) 記事等ヲ多少記載スルモノアリ、此等ノ教材ヲ教授スル場合ニ於テ教授者ハ最モ愼重ノ注意ヲ以テシ、決シテ誇張ノ言辭ヲ用ヒ杜選ノ事項ヲ教フル等ノコト有ルベカラザルハ勿論、被教育者ノ種類學年等ニ應シ、歷史又ハ地理ノ教授トシテ必要止ムヲ得ザル範圍ニ止メ、徒ラニ內地人朝鮮人間ノ感情ヲ害スルニ過ギサルガ如キ事項ハ之ヲ教授スルヲ避クベシ、其他、例ヘハ壬辰亂ノ義士ヲ假リテ義勇ヲ說クノ類ハ他例ヲ以テ之ニ代ヘ、又往々地理書中ニ擧ケラレタル壬辰亂等ノ遺跡ノ如キモノニ就キテハ、寧ロ其地點ノ現在ニ

일곱째, 축제일을 준수하도록 가르칠 것

　　대일본제국 국민된 자는 제국의 축제일을 준수하여 국민된 성의
를 표함은 당연한 도리이며 청년학도의 교육상에 있어서, 그리고
일반대중을 상대로 풍속교화에 중요한 관련을 갖는 것인즉, 교직에
종사하는 자는 일본제국 축제일의 의의를 알게 하여 교육상 소홀함
이 없게 해야 할 것이라.[28]

하였다. 이러한 지침을 볼 때, 당시『國語讀本』을 비롯한 모든 교과 내
용에 상당 부분을 할애하여 특히 강조된 점은 일본 國體의 인식과 천황
가에 대한 충성심을 불어넣어, 조선 아동을 황국신민으로 길러내는데
보다 역점을 두었음을 짐작할 수 있다.

5.『訂正 普通學校學徒用國語讀本』의 표기 및 배열

『訂正 普通學校學徒用國語讀本』은 朝鮮總督府에 의해 編纂되고, 總務
局印刷所에서 印刷된 초등교육과정 일본어 입문 교과서이다.『訂正 普通學
校學徒用國語讀本』은 통감부 시기 學部의 편수과장 오다 쇼고(小田省吾)
와 편수관 다치가라 노리토시(立柄教俊), 장학관(視学官) 이시다 신타로

於ケル交通産業等ニ關スル事項ヲ說敍スルニカヲ用フル等、常ニ適當ナル教
授上ノ注意ヲ怠ルベカラズ。
28) 大日本帝國國民된者는均히帝國의祝祭日을遵守ㅎ야,國民된誠意를表홈은當然혼義
이며,且青年學徒의教育上은勿論이어니와一般風教上至重혼關係를有혼者인즉,苟
히教職上에從事ㅎ는者는帝國祝祭日의意義를悉知ㅎ야教育上疏漏홈이無케홀지니
라. 축제일로는 四方拜(1월 1일), 元始祭(1월 3일), 孝明天皇祭(1월 30일), 紀元節
(2월 1일), 神武天皇祭(4월 3일), 天長節(11월 3일), 神嘗祭(10월 17일), 新嘗祭
(11월 23일), 春季皇靈祭(春分日), 秋季皇靈祭(秋分日)가 있다. 「教授上의 注意
幷 字句訂正表」, 附錄「祝祭日略解」, 《每日申報》, 1911. 3. 2. 3면

(石田新太郎)에 의해 편찬되었던 『日語讀本』의 정정본으로, 합병 후 관공
립소학교의 정식교과목으로 4년제였던 당시 보통학교의 수업연한에 맞추
어, 한 학기에 한 권씩 4년 동안 모두 8권 8책을 이수하도록 구성하였다.

　『訂正 普通學校學徒用國語讀本』은 아직 일본어를 접하지 못한 조선
아동을 대상으로 편찬된 일본어 교과서로, 내용 전체가 일본어로 되어
있으며, 외국어로서 일어를 일본의 문화와 함께 쉽고 빠르고 정확하게
습득할 수 있도록 체계적으로 구성되어 있다.

　통감부 시절 초기에는 공립학교 아동에 한하여 교과서는 무상으로
지급되었으나, 1909년 5월 이후는 무상지급에서 대여(貸與)로 바뀌었
으며, 1911년에 제정된 <普通學校令施行規則>에 의해 1913년부터는
신규편찬(新規編纂)의 교과서에 대해서는 자비구입 하도록 했다. 학부
편찬 교과서는 10~12錢에 비해, 『訂正 普通學校學徒用國語讀本』은 절
반 정도인 6錢의 저가로 보급했다. 흑회색 양장본으로 된 『訂正 普通學
校學徒用國語讀本』 8권의 출판사항은 <표 5>와 같다.

<표 5> 朝鮮總督部編纂 『訂正普通學校學徒用國語讀本』의 출판 사항

| 卷數 | 출판년도 | 사이즈 | | 課 | 貢 | 정가 | 학년　학기 |
		縱	橫				
卷一	1911	22	15	39	70	6 錢	1학년 1학기
卷二	1911	22	15	28	77	6 錢	1학년 2학기
卷三	1911	22	15	25	86	6 錢	2학년 1학기
卷四	1911	22	15	26	88	6 錢	2학년 2학기
卷五	1911	22	15	30	80	6 錢	3학년 1학기
卷六	1911	22	15	22	76	6 錢	3학년 2학기
卷七	1911	22	15	18	67	6 錢	4학년 1학기
卷八	1911	22	15	20	88	6 錢	4학년 2학기
總 8冊 8卷				208	632		

『訂正 普通學校學徒用國語讀本』의 특징은, 띄어쓰기가 없는 일본어 표기에서 모어(母語)를 달리하는 조선 아동이 처음 일본어로 된 교과서를 접하는데 있어서 쉽게 이해시키기 위하여 저학년(1, 2학년)용에 '띄어쓰기'가 되어 있는 것과, 존경어와 겸양어 연습, 인칭과 호칭, 능동과 수동 등 난이도를 고려하여 문법을 체계적으로 제시한 점을 들 수 있다. 그리고 일본어를 일본의 문화와 함께 쉽고 빠르고 정확하게 습득하게 하기 위하여 삽화를 이용하였고, 생활에서 흔히 사용되는 단어, 절, 문장으로 이야기를 꾸며 한 단원을 전개하였으며 내용 또한 일상생활과 밀접한 내용을 주제로 하여 학습자의 흥미를 이끌고자 하였다. 저학년에 비해 고학년으로 갈수록 문장이 길어지고, 문법 또한 다양해지는 것을 알 수 있다.

또한 각 단원의 구성은 단원이 시작되는 부분에 신출단어를 제시하여 먼저 단어를 익히게 하고, 본문을 습득한 후에 연습문제를 수록하는 것으로 배운 내용을 반복학습 할 수 있도록 하였다. 본문의 내용은 일상생활, 자연과학, 새로운 문명, 날씨 등의 다양한 주제를 다루었으며, 이야기를 통한 바른 어법이 이루어질 수 있도록 문장을 구성하고 있으며, 역사, 지리는 물론, 인체의 활동이나 밤낮 길이의 변화 등 자연과학에 대한 내용도 상당히 많은 부분을 차지하고 있다.

『訂正 普通學校學徒用國語讀本』의 내용을 살펴보면 일본어 교육은 물론이고, 각 학년별로 근대일본의 발전상황이나 일본의 행정체계, 지도 또는 삽화에 있어서 등장인물의 의상이나 머리모양 등 일본인의 풍속이나 의복이 그대로 사용되고 있는 것을 알 수 있다. 이러한 점은 강점 초기 동화교육을 목적으로 한 일본의 정치적 교육적 의도가 이미 초등학교용 교과서에까지 확연하게 미치고 있음을 말해준다 하겠다.

　특히 『訂正 普通學校學徒用國語讀本』의 내용 중 문명화 된 중국이나 백제의 문물을 받아들이는 부분이 기록된, 『日語讀本』 卷七의 4과 「朝鮮と日本との交通」과, 5과 「日本と支那との交通」이라는 단원이 통째로 삭제되어 있으며, 또 卷八의 4과 「日淸戰爭」과 15과 「日露戰爭」에서는 『日語讀本』에 비해, 본문 마지막에 조선의 강점을 합리화하는 내용을 추가하였고, 16과에 「日露戰爭後の日本」이라는 단원을 추가하여 주변국과의 모든 전쟁이 동양의 평화, 즉 조선의 평화를 위함이라는 내용을 명시함으로, 문명국이라는 우월의식을 바탕으로 교과서를 편찬하였음을 알 수 있다.

　『訂正 普通學校學徒用國語讀本』은 『日語讀本』과 비교할 때 내용과 단원의 양적 증가와 함께 특히 일본 본토를 중심으로 한 주변국 지도의 표기와 국명의 변화가 눈에 띈다. 그 밖에 역사(驛舍)와 같은 새로운 근대식 건물이나 그리고 등장인물의 의상도 관심을 끈다. 이는 밀려오는 근대 문명과 함께 일본에 의하여 점점 잠식되어 가는 韓末의 실정을 말해준다 할 수 있을 것이다. 또한 새로운 문화를 소개하는 단원이 눈에 띠게 많아지는데, 특히 산업사회가 발달하고 근대화가 되어감에 따라 고학년으로 갈수록 기차, 여관, 취직, 분업, 물건의 주문, 상거래, 화폐, 학술토의, 재판과 소송, 일본의 행정체계 등등에 관련된 내용이 늘어난다. 특히 교통수단의 발달과 함께 역사(驛舍)나 항만시설 등의 묘사를 보면, 당시 조선의 철도부설을 담당한 일본이 기차를 비롯한 교통수단을 이용하여 개화된 문명을 조선에 전해주었다는 간접적인 메시지가 담겨 있는 것으로 해석된다.

　이어 통감부시절부터 일제강점기까지 조선인에게 교육했던 일본어 교과서를, '통감부기'와 '일제강점기'로 대별하고, 다시 일제강점기를 '1

기에서 5기'로 분류하여, '교과서명, 편찬연도, 권수, 초등학교명, 편찬처' 등을 <표 6>으로 정리하였다.

<표 6> 統監府期, 日帝强占期 사용한 日本語敎科書

時期	主要法令	日本語敎科書 名稱				編纂年度 및 卷數	學校名	修業年限	編纂處
統監府期	普通學校令 (1906. 8. 27)	普通學校學徒用 日語讀本				1907~08 全8卷	普通學校	4	大韓帝國學部
		訂正 普通學校學徒用 國語讀本				1911. 3. 15 全8卷	普通學校	4	朝鮮總督府
日帝强占期	第1次朝鮮敎育令 (1911. 8. 23)	一期	普通學校國語讀本			1912~15 全8卷	普通學校	4	朝鮮總督府
	第2次朝鮮敎育令 (1922. 2. 4)	二期	普通學校國語讀本			1923~24 全12卷	普通學校	6	(1~8)朝鮮總督府 (9~12)日本文部省
		三期	普通學校國語讀本			1930~35 全12卷	普通學校	6	朝鮮總督府
	第3次朝鮮敎育令 (1938. 3. 3)	四期	初等國語讀本			1939~41 全12卷	(尋常)小學校	6	(1~6)朝鮮總督府 (7~12)日本文部省
	第4次朝鮮敎育令 (1943. 4. 1)	五期	ヨミカタ	1~2學年	4卷	1942 1~4卷	國民學校 (初等科)	6	朝鮮總督府
			初等國語	3~6學年	8卷	1942~44 5~12卷			

이번에 學部編纂 『日語讀本』의 정정본인 朝鮮總督府 編纂 『訂正 普通學校學徒用國語讀本』 原文書를 출판함은, 한국학(韓國學)을 연구하는데 필요한 자료 제공은 물론, <韓日合倂> 전후 한국에서의 '교육제도'와 '일본어 교육' 과정을 세심하게 살펴볼 수 있는 자료적 의미와 그동안 사장되었던 미개발 자료의 일부를 발굴하여 原文書를 체계적으로 정리해 놓는 것에 큰 의의를 두었다.

따라서 이 시대를 사는 우리들이 새로운 시점에서 보다 나은 시각으로 당시의 모든 문화와 역사, 나아가 역사관을 구명할 수 있는 자료로도 활용될 수 있기를 기대한다.

전남대학교 일어일문학과

김 순 전

≪朝鮮總督府編纂 訂正 普通學校學徒用國語讀本 凡例≫

1. 권1은 1학년 1학기, 권2는 1학년 2학기…… 권8은 4학년 2학기로 한다.

2. 원본의 세로쓰기를 편의상 좌로 90도회전하여 가로쓰기로 한다.

3. 신출단어 및 자형비교의 상란과 좌란은 각각 좌란과 하란으로 한다.

4. 반복첨자 기호는 가로쓰기이므로 반복 표기하고, 밑줄로 표시한다.

5. 본서 목차 (   )안과 본문내용 하단의 숫자는 원본 쪽수를 표기한 것임.

※ 5에 있어서, 원문의 여러 쪽을 한쪽으로 압축할 경우, 원문 마지막 행의 우
   단에 쪽수를 표기하기로 한다.(예 : 행 끝의 (1-5)와 같은 표시는, '朝鮮總督
   府編纂 『訂正 普通學校學徒用國語讀本』 卷一'의 5쪽을 의미함)

6. 한자의 독음은 (   )안에 표기한다.

7. 대화문과 지문 스타일은, 각 기수마다 다르므로 각 기수의 원문대로 표기한
   다.

8. 편지, 수필 등은 인용문으로 처리한다.

9. 출처는 국립중앙도서관 소장본을 저본으로 하였다.

朝鮮總督府編纂　訂正 普通學校學徒用

國語讀本　卷五

第3學年　1學期

朝鮮總督府編輯局出版

普通學校學徒用

國語讀本

卷五

卷五〔3學年 1學期, 1911〕目 次

第一課　新學年

入學、　三年め、　朝夕、　うつかり、

卒業、　ゆだん、　たつ、　降りだす、

　今日からまた、新しい學年が始りました。月日のたつの
わ、ずいぶん速いものです。私たちがこの學校え入學てか
ら、二年たちました。この學年わもう三年めです。

　月日のたつのわ、はやいものですけれども、(5-1)
私たちわ二年の間に、色色なことを覺えました。是からもよ
く勉强て、卒業するまでにわ、まだ、色色習わなければな
りません。

　うつかりしているまに、月日わはやくたつてしまいます。
今わ春で、うつくしい花がさいていますけれども、この花が
散つて、木の葉の茂るのわ、もうすぐです。

　夏になつて、暑い暑いと言つているうちに、又秋になつ
て、朝夕涼しくなります。そして、少し (5-2)
寒くなつたと思うと、すぐ、雪が降りだします。ですから、
私たちわ毎日、學校え來て、ゆだんをしないで、勉强しなけ
ればなりません。

練習

一　雨が降りだしました。

二　風が吹きだしました。

三　火が燃えだしました。

四　降りだしたと思つたら、すぐ止みました。

五　止んだと思つたら、また降りだしました。(5-3)

第二課　木の芽

　　皮、　　毛、　　包む、　　時候、
　　實、　　先、　　破る、

　冬になつて、葉の落ちてしまつた木を見ると、まるで枯れてしまつたように見えましよう。けれども、よく見ると、枯れたような枝の先にわ、小い芽があります。

　この小い芽わ皮に包まれています。その皮にわ細い毛が生えています。(5-4)

　毛の生えた皮に包まれているのですから、雪が降つて寒くても、小い芽わ枯れないのです。

　春になつて、段段、時候がよくなると、この皮を破つて、中から芽が出てきます。芽が出ると、枝の先が段段靑くなつてきます。(5-5)

　小い芽の中にわ、花も實もあるのですが、まだ小くて、人の目にわ見えないのです。

第三課　朝鮮

朝鮮、　　地圖、　　堪エル、　　毛皮、

絹、　　木綿、　　アタリ、

　コレワ朝鮮ノ地圖デス。朝鮮ワ、南北ガ長クテ、東西ガ短ウゴザイマス。

　南ノ方ワ暖デ、北ノ方エ行クホド、段段サムクナルノデス。(5-6)

　釜山アタリワ
冬デモ暖デスガ、
會寧アタリワ夏デ
モアマリ暑クワア
リマセン。今ワ春
デスガ、會寧アタ
リワマダ寒イデシ
ヨウ。

北國ノ人

寒イトイツテモ、朝鮮ナドワソンナニ寒イ所 (5-7)
デワアリマセン。モツト北ノホウエ行クト、寒クテ寒クテ、
年中雪ノ消エナイ所ガ、アルソウデス。

　ソンナ所ノ人ワ、毛皮ノ着物ヲ着マス。絹ヤ木綿ノ着物
デワ、強イ寒サニワ堪エラレマセン。

練習

一　南ノ方エ行クホド、暖クナリマス。

二　木ワヨク乾クホド、輕クナリマス。

三　稲ノ穂ワヨク熟スホド、頭ヲ下ゲマス。(5-8)

第四課　着物

麻、　　布、　　織物、　　二通り、

綿、　　軟、　　殊に、

　朝鮮の人わ、絹や、木綿や、麻の着物を着ます。

　絹の着物わ美しくて、やわらかで、氣持がようございます。

　麻わ、絹のように、美しくも、軟でもありません。けれども、輕くて、涼しいから、夏の着物にわ、殊にようございます。(5-9)

　木綿わ、絹のように美しくもなく、麻のように、輕くもありません。けれども、直段が廉いから着る人が多うございます。

　冬になると、布ばかりの着物でわ、寒くて堪えられませんから、綿を入れた着物を着ます。

　綿にわ、木綿綿と絹綿と、二通りございます。絹綿わ、木綿綿よりも、輕いけれども、直段が高うございます。(5-10)

第五課　呉服屋

　　婦人、　　　呉服屋、　　　金、
　番頭、　小僧、　考える、　大抵、

　絹や、木綿や、麻などの織物を賣る店を、呉服屋といいます。

　ここわ呉服屋の店です。ごらんなさい。客が大勢來ていましよう。殊に、婦人が多く來ていましよう。男にわ、織物のことわ、よくわかりませんから、大抵、婦人が買いにくるのです。

　あすこに坐つている人わ、この店の番頭と (5-11)
小僧です。小僧わ、色色な美しい織物を出して、客に見せています。

　何か買つて、歸ろうとしている人も、あります。金をはらつている人も、あります。買ようか、止めようかと、考えている母親も、あります。

(5-12)

欲しそうな顔をして、見ている娘も、あります。

むこうの棚には、色色な織物がいれてあります。

第六課　二人ノ決心

甲、　僕、　儉約、　トウトウ、

乙、　君、　決心、　使ウ、

昔、正直デ善イ男ガ、二人アリマシタ。貧乏ナ家ニ生レタカラ、人ニ使ワレテイマシタ。アルトキ、二人ワ話ヲシマシタ。(5-13)

甲　　僕ワ今日カラ、決シテ、絹ノ着物ヲ着ナイト、決心シタ。ソシテ、金持ニナツテ、大勢人ガ使イタイト思ウ。

乙　　君ガ絹ノ着物ヲ着ナイト決心シタラ、僕ワ絹バカリ着ルト決心シヨウ。

ソレカラワ、甲ワ木綿ノ着物バカリ着テ、絹ワ決シテ着マセンデシタ。ソシテ、ズイブン儉約シマシタカラ、十年バカリノ內ニ、トウトウ、大勢、人ヲ使ウヨウニナリマシタ。

(5-14)

乙ワ絹ノ着物バカリ着テ、木綿ワ決シテ、體ニツケマセンデシタ。ケレドモ、ヨク働キマシタカラ、甲ノヨウニ、金持

ニナツテ、大勢、人ヲツカウヨウニナリマシタ。

　一人ワ儉約シテ、金持ニナリマシタ。一人ワ働イテ、金持ニナリマシタ。金持ニナルノニワ、働イテ儉約スルノガ一番デス。

第七課　虎トアカンボー

妻、　夫、　夫婦、　宿屋、　アカンボ、(5-15)

夜中、　オモチヤ、　見ツカル、　捜ス、

老人ガ、子供ヲ大勢アツメテ、オモシロイ話ヲシテイマ
ス。

老人　或夫婦ガアカンボヲ連レテ、サビシイ山ノ中ヲ
旅行シテイマシタ。宿屋ガナクテ、木ノカゲデ
ネル事モ、タビタビアリマシタ。(5-16)
アル晩、大ナ木ノ蔭デネテイマシタガ、妻ワ夜
中ニ目ヲ覺シマシタ。見ルト、アカンボガ居マ
セン。

大層驚イテ、夫ヲ起シテ、ホウボウ搜シマシタ
ガ、見ツカリマセン。月ワ出テイマシタケレド
モ、木ガシゲツテイタノデ、(5-17)

遠イ所ワ見エマセンデシタ。

ソノ時、ムコウノ暗イ所ニ、何カ白イモノガ見エマシタ。ヨク見ルト、虎ガ、アカンボヲオモチヤニシテイタノデス。

第八課　虎トアカンボ　二

熱心ニ、　　大變、　　撃殺ス、　　外ニ、

不思議、　　イツシヨニ、

老人　　夫ワスグニ、鐵砲デ虎ヲ撃殺ソウトシマシタ。
　　　　妻ワアワテテ、「アカンボガ死ニマス。(5-18)
　　　　アカンボヲ殺シテワ大變デス」ト言イマシタケ
　　　　レドモ、夫ワ「心配スルナ」ト言イナガラ、撃チ
　　　　マシタ。大ナ音ガシテ、虎ワスグ死ニマシタ。
　　　　二人ガ走ツテイツテ、ヨク見ルト、アカンボワ
　　　　笑ツテイマシタ。虎ノ恐シイ事ヲ、知ラナカツ
　　　　タノデシヨウ。

　子供タチワ、老人ノハナシヲ、熱心ニ聽イテイマシタ。ソ
シテ、尋ネマシタ。(5-19)

子供　　ソノアカンボワ、ソレカラ、ドウナリマシタ
　　　　カ。祖父サン。

老人　　大クナツテ、今デモ生キテイマス。

子供　　今ワドコニ居マスカ。

老人　　ココニ居マス。

　子供ワ不思議ニ思ツテ、室内ヲ見マワシマシタ。ケレド
モ、外ニ、誰モ居マセンカラ、子供ノ目ワミナ、老人ニ集リ
マシタ。ソシテ、イツシヨニ尋ネマシタ。(5-20)

　　　　ソレデワ、祖父サンガ、ソノアカンボデアツタ
　　　　ノデスカ。

　老人ワ、「ソウデス」ト言ツテ、笑イマシタ。

第九課　海の水

茶碗、　混る、　嘗める、

鹹い、　少い、　はず、　元

谷口　海の水わ、なぜ鹹いのでしようか。

島田　それわ、鹽が澤山はいつているからです。茶碗え
　　　水を入れて、そのなかえ鹽をすこし溶すと、(5-21)
　　　水わ鹹くなるでしよう。海の水の中にも、鹽が
　　　澤山溶けているのです。

谷口　それでわ海の中にある鹽わ、どこから來たので
　　　すか。

島田　鹽わ元から、海の中にもあつたのですが、山か
　　　らも、だんだん流れてきたのです。
　　　山にわ、鹽の澤山ある所があります。雨が降る
　　　と、その鹽が溶けて、川の水に混つて、海のほ
　　　うえ流れていきます。(5-22)
　　　そして、長い間に、海の中え鹽が澤山できたの
　　　です。今でも、雨の降るたびに、山の中にある

鹽が溶けて、川から海え流れていくのです。

谷口　それなら、水の鹹い川もあるはずですが、どの川の水を嘗めても、鹹くないのわ、不思議でわありませんか。

島田　川の水の中にも鹽わ溶けているのですが、あまり少いから鹹くないのです。(5-23)

第十課 雪と鹽と砂糖

砂糖、　　若し、　　天、

直段、　　なれ、　　貯える、

　雪や、鹽や、砂糖わ皆白いものです。雪も、鹽も、砂糖も、水のなかえ入れると、すぐ溶けてしまいます。

　鹽わ海で取れます。砂糖わ畠えできます。雪わ天から降ります。

　もし、夏の暑い時に、すこしばかり、雪が降つたなら、金を澤山出して、買う人もあるでしよう。(5-24)

けれども、雪わ冬のさむい時に、澤山降るのですから、誰も雪を買う者わ、ありません。ですから、雪にわ直段がないのです。

　砂糖や、鹽わ、少しずつ取れて、いつまでも貯えることができるから、高いのです。また、砂糖わ、鹽のようにわ、澤山取れないから、鹽よりもなれ高いのです。

第十一課 貨幣

貨幣、 紙幣、 金 銀 銅、

ダケ (5-25)

　コレワ、我國ノ貨幣ノ繪デス。

　我國ノ貨幣ニワ、金ト、銀ト、銅ト、白銅ト、四通リアリ

マス。

　貳拾圓ト、拾圓ト、五圓ワ金貨デス。五拾錢ト、貳拾錢

ト、拾錢ワ銀貨デス。壹錢ト五厘ワ銅貨デス。(5-26)

ソシテソノ大サト重サワ、ソレゾレキマツテ居マス。

貨幣ワズイブン重イカラ、澤山持ツテアルケマセン。デスカラ、持運ニ便利ノタメニ、貨幣ノ代リニ、紙幣ガアリマス。紙幣ワ輕イカラ、千圓デモ、貳千圓デモ持ツテアルケマス。

第十二課　紙幣

損、　　チガウ、　　　間違エル、

得、　シカ、　比ベル、　マン中、(5-27)

コレワ、紙幣ノ繪デス。マンナカニアル文字ヲ、ゴランナ
サイ。コノ文字デ、拾圓カ、五圓カ、壹圓カガワカリマス。

我國ノ紙幣ノウチデ、人ノヨク使ウノワ、拾圓ト、五圓
ト、壹圓ノ三通リデス。三通リトモミナ、大サガチガイマス
カラ、(5-28)

三枚アルトキニワ、比ベテミレバワカリマス。ケレドモ、一枚シカナイトキニワ、ワカリマセンカラ、ヨク、マン中ニアル文字ヲ見ナケレバナリマセン。

モシ間違エテ、拾圓ノ代リニ壹圓受取ツタリ、壹圓ノ代リニ五圓拂ツタリスレバ、タイソウ損ヲシマス。

又、受取ル時ニモ、注意シナケレバナリマセン。

壹圓ノ代リニ拾圓受取レバ、得ヲスルケレドモ、人ニ損ヲサセマス。(5-29)

練習

一　アノ山ニワ、木ガ三本シカアリマセン。

二　今日ワ、三人シカ缺席シマセンデシタ。

三　八拾錢シカ持ツテイマセン。

四　毎日内デ寢タリ、起キタリシテイマス。

五　昨日ワ、朝カラ晩マデ、本ヲ讀ンダリ、手紙ヲ書イタリシテイマシタ。(5-30)

第十三課　金屬

鐵道、　　金屬、　　釘、　　のに、

軍艦、　　入用、　　飾、

　金や、銀や、銅や、鐵などを金屬といいます。

　金屬の內で、鐵ほど入用な物わありません。鐵道や、軍艦のような大な物から、針や、釘のような小なものまで、鐵で造つた物わ、ずいぶんあります。

　鐵のつぎに入用なものわ、銅です。金や、銀わ美しいから、色色な飾にします。金や、銀わなくても (5-31)
よいのですが、もし鐵や、銅がなかつたなら、ずいぶん困りましよう。

　鐵わそれほど入用だのに、一番やすくて、金わそんなに入用でないのに、一番高いのです。鐵や、銅わ澤山あるから、やすいので、金や銀わ少いから、高いのです。何でも、澤山あるものわ廉くて、少いものわ高いのです。

練習

一　日が暮れたのに、農夫わまだ野に居ます。(5-32)

二　昨日わ、暖であつたのに、雪が降りました。

三　曇つていないのに、雨が降つています。

四　犬わ牛肉を持つているのに、ほかの犬の牛肉までも、
　　取ろうとしました。

第十四課 馬ト牛

動物、　　用イル、　　ヒク、

耕ス、　　カナウ、

　馬ト牛ワ、一番入用ナ動物デス。牛ワアルクコトワ遲イケ
レドモ、力ガ强ウゴザイマス。(5-33)
馬ワ力ワ弱イケレドモ、アルクコトガ早ウゴザイマス。

　輕イ荷物ヲ早ク運ブ時ニワ、牛ワ馬ニカナイマセン。ケレ
ドモ、重イ荷物ヲユックリ運ブ時ニワ、馬ワ牛ニカナイマセ
ン。

　デスカラ、人ガ乘ッタリ、輕イ車ヲヒカセタリスル時ニ
ワ、馬ヲ用イマス。又、田地ヲ耕シタリ、重イ荷物ヲ運ンダ
リスル時ニワ、牛ヲ用イマス。

　內地デワ、田地ヲ耕シタリ、重イ荷物ヲ運ンダリスル時ニ
モ、馬ヲ用イマス。(5-34)

　內地ノ馬ワ大クテ、ズイブン强イケレドモ、朝鮮ノ馬ワ小
クテ弱ウゴザイマス。

第十五課　動物の色 一

蜂、　　世界、　　添エル、

蝶、　　景色、　　幹、

　草木の幹や、葉や、花の色にいろいろあるように、動物の色にも、またいろいろあります。白いのもあるし、赤いのもあるし、黄色いのもあるし、(5-35)

青いのもあるし、また、白や赤や黄色などの斑もあります。そして、いろいろな動物わ、草や、木といつしよに、この世界を飾つています。

　蝶や、蜂が飛んでいたり、鳥が鳴いていたりするから、草や、木わ一層奇麗に見えるのです。川の岸に黒い牛が立つていたり、小道を白い犬が走つていたりするから、野の景色わいつそう面白いのです。また、水を泳いでいる魚わ、水のけしきを添えます。空を飛んでいる鳥わ、空の景色を添えます。(5-36)

　奇麗な花が咲いていても、鳥や、虫が居なかつたら、野や、山の景色も美しさが減りましよう。

第十六課　動物の色 二

　　我我、　　紛れる、　　喰う、　　沙、

　　底、　　自然と、

　色のうつくしい動物わ、高い山の上や、深い海の底にも居ます。

　動物の色の美しいのわ、我我を喜ばせるため (5-37) でしようか。もし、我我を喜ばせるためならば、どうして、高い山の上や、深い海の底に居るのでしようか。

　あれわ、我我を喜ばせるためでわありません。

　みな、自分を保護するためです。蝶の白いのや、黄色いのわ草木の花の色に紛れて、他の動物に見つからないためです。

　木の葉を喰う虫の青いのわ、その木の葉の色に紛れて、鳥などに喰われないためです。(5-38) 木の皮を喰う虫に、これと同゛色のがありましよう。

　あれも木の皮の色に紛れて、鳥などに見つからないためです。

　海の底に沙と同ド色の魚が居ましよう。草の中に草と同ド色の虫が居ましよう。これわみな、自分を保護しているのです。

　それがまた、自然とわれわれの目を喜ばせているのです。

(5-39)

第十七課 桃ノ木

土、　　種子、　　埋メテオク、

根、　別ニ、　割レル、　掘ル、

　土ノ中カラ小ナ芽ガ出テキマシタ。オ松ワ不思議ニ思ツテ、土ヲ掘ツテミタラ、土ノナカニワ、大ナ桃ノ種子ガアツテ、ソノ中カラ、芽ガ出テイルノデシタ。(5-40)

オ松ワマタ、ソノ桃ノ種子ヲ元ノヨウニ、土ノ中エ埋メテオキマシタ。

翌朝ハヤク起キテ見ルト、芽ガ割レテ、二枚ノ小ナ葉ニナツテイマシタ。

又、次ノ朝、早ク起キテ見ルト、二枚ノ葉ノ間ニ、小ナ芽ガデキテ、土ノナカニワモウ、根ガ生エテイマシタ。

オ松ワタイソウ面白ガツテ、毎朝、早ク起キテ、熱心ニ見テイマシタ。(5-41)

葉ノ間ノ芽ガダンダン大クナツテ、又二枚ノ葉ニナツテ、ソノナカカラマタ別ニ、小ナ芽ガ出マシタ。段段生長シテ、一週間ノ後ニワ、一本ノ小ナ桃ノ木ニナリマシタ。

　　　　書イテオク。　　考エテオク。

　　　　見テオク。　　　貯エテオク。

　　　　讀ンデオク。　　聞イテオク。

　　　　包ンデオク。　　入レテオク。(5-42)

第十八課 雨

人間、　草木、　元氣、　地、
萬物、　植物、

　雨ガ降ルト、草木ワアオアオト、元氣ヨクナリマス。ナガ
イ間、雨ガ降ラナイト、草木ワ枯レテシマイマス。草木バカ
リデナク、人間デモ、他ノ動物デモ、水ガナケレバ、死ンデ
シマイマス。

　川ヤ海ノ水モ、地ノ中ニアル水モ、モトワミナ、天カラ降
ツタ雨デス。モシ、ナガイ間、雨ガ降ラナケレバ、(5-43)
川ヤ海ノ水モ、地ノ中ノ水モナクナリマス。水ガ少シモナケ
レバ、コノ世界ニワ人間モ、動物モ、植物モナクナツテシマ
イマス。

　デスカラ、昔カラ、「雨ワ萬物ノ母ダ」トイイマス。

第十九課　島と半島

内地、　陸地、　分れる、　圍む、

半島　續く、　島

　これわ我國の地圖です。内地わ澤山の陸地に分れていま
す。その陸地わみな海に圍まれていましよう、(5-44)

大日本帝國略圖

(5-45)

このように、海にかこまれている陸地わ、「島」というのです。

　朝鮮わ三方が海で、一方わ廣い陸地に續いていましよう。このように、三方が海にかこまれて、一方ばかり廣い陸地に續いている陸地わ、「半島」というのです。

　内地と朝鮮のほかに臺灣とカラフトとその他澤山の小な島を合せて、日本というのです。

　朝鮮半島の東南の端から、内地の西北の端までわ、近うございます。(5-46)

内地わ、昔わ、朝鮮に續いていたのだそうです。

第二十課　朝鮮のまわり

山脈、　隔てる、　流れこむ、

境、　消える、

　朝鮮の東の海を日本海といつて、西の海を黃海といいます。黃海を隔てて、西にわ支那があります。

　朝鮮の北も支那で、支那と朝鮮の境にわ、長い (5-47) 川が二つ流れています。黃海に流れこむ川を鴨綠江といつて、日本海に流れこむ川を豆滿江といいます。

　この二つの川の間にわ、年中雪の消えない、高い山が、たくさん續いています。山の澤山續いているのを、山脈といいます。

　この山脈わ長白山脈です。長白山脈の中で、一番高い山わ白頭山です。雪が消えないで、山の頭が何時も白いから、そういうのでしょう。(5-48)

流レコム。　落チコム。

飛ビコム。　聞キコム。

引キコム。　話シコム。

降リコム。　吹キコム。

第二十一課　朝鮮の海岸

海岸、　　出はいり、　　繁昌、

　朝鮮の西と南の海岸わ、たいそう、出はいりが多うござい
ます。(5-49)

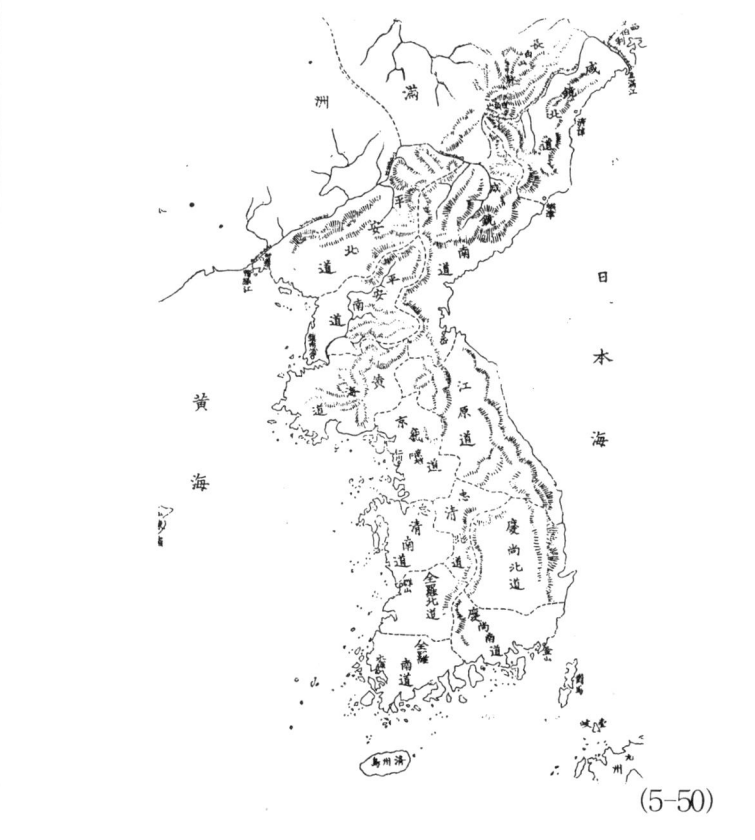

(5-50)

　海岸に出入が多ければ、自然と、良い港も多うございます。良い港が多ければ船の出はいりが便利ですから、自然と繁昌します。

　釜山、馬山、木浦、群山、仁川、鎮南浦などの良い港わみな、南か、西の海岸にあります。

　東の海岸わ出入が少いから、港も少うございます。釜山や仁川のような良い港わ、ただ、元山ばかりです。

　ですから、朝鮮でわ西の海岸ばかり繁昌して、(5-51)
東の海岸わ繁昌しません。

　西と南の海岸わ出入が多いばかりでなく、島も澤山あつて、景色もようございます。

第二十二課 仁川港

外國、　　往復、　　タツタ、

乘客、　　艀　　　漕グ、

　ココワ仁川ノ港デス。イマ、大ナ汽船ガ港エ入ツテキマシタ。高田サント上村サント二人、海岸エ立ツテ、船ヲ見テイマス。(5-52)

高田　アノ汽船ワ何所カラ來タノデシヨウカ。

上村　アレワ何所カ、外國カラ來タノデシヨウ。

高田　アノ汽船ワナゼ、モツト海岸ニ近イトコロマ
　　　デ、ハイラナイノデシヨウカ。

上村　海岸ニ近イ所ワ、(5-53)
　　　急ニ淺クナツテイルカラ、アンナニ大ナ汽船ワ
　　　ハイレナイノデス。

高田　アノ小ナ汽船ワ何ヲシテイルノデスカ。

上村　アレワ大ナ汽船ト陸ノ間ヲ往復シテ、乘客ヤ、
　　　荷物ヲ運ンデイルノデス。アンナ船ヲ艀トイウ
　　　ノデス。艀ニワ汽船モ、唯ノ船モアリマス。
　　　艀ニツカウ汽船ワ又小蒸氣トモイイマス。
　　　客ワ大抵小蒸氣エ乘セテ、荷物ワ唯ノ船エ積ミ
　　　マス。(5-54)
　　　唯ノ船ワ人ガ漕グノデスカラ、遲ウゴザイマス。

高田　アスコエ又、小蒸氣ガ來マシタ。アレニワ乘客
　　　ガタツタ二三人シカ見エマセン。

上村　アレニワ誰カ、立派ナ人ガ乘ツテイルノデシヨウ。

第二十三課　税關

税關、　旅行、　開港場、　税

關税、　上陸、　カケル、　シラベル、(5-55)

高田　今上陸シタ人ワ、皆、アノ大ナ家エ集リマシ
タ。アノ人タチワナゼ、早クステーシヨンカ、
宿屋エ行カナイノデシヨウカ。

上村　アノ大ナ家ワ税關トイツテ、外國カラ來タ品物ヲ
シラベテ、税ヲ取ル所デス。外國ノ品物ニカケル
税ヲ、關税トイイマス。外國カラ來タ人ワ、ミ
ナ、アスコデ荷物ヲシラベラレルノデス。

高田　税關デワ、ドンナ品物ニデモ皆、税ヲカケルノ
デスカ。(5-56)

上村　イイエ、ソウデワアリマセン。旅行ニ入用ナ品
物ニワ、カケナイノデス。モシ、旅行ニ入用デ
ナイ品物ヲ、澤山持ツテイルト、税ヲカケラレ
マス。

高田　ソレデワ、税關ワ、ドウイウ所ニアルノデスカ。

上村　税關カ、マタワ、税關ノ支署ガ、開港場ニワ必
　　　ズアリマス。朝鮮デワ、清津、城津、(5-57)
　　　元山、釜山、木浦、群山、仁川、鎮南浦、新
　　　義州ノ九ツガ開港場デアリマス。又、京城ナド
　　　ニハ、開港場デナクテモ、税關ノ出張所ガアリ
　　　マス。

第二十四課　船長の話　一

船長、　　荒れる、　　鏡　　沈む、

碇泊、　　凍える、　　浪、　靜、

　小太郎の父わ大な汽船の船長です。

　昨日、船が港え着きました。四五日の間碇泊するので、昨
夜、內え歸つてきました。(5-58)

　小太郎わ友だちといつしよに、父から面白い話を聽いてい
ます。

　　船え乘つて方方え行くと、色色、面白いものを見ます。

　　寒くて、凍死ぬかと思うような所もあるし、暑くて、燒
　　死ぬかと思うような所もあります。

　　強い風が吹いて、海の荒れたときにわ、山のような浪が
　　來て、船わ海の底え沈められてしまうかと思うことも、
　　度度あります。(5-59)

　　けれども、風が吹かないで、美しい月が鏡のような海を
　　照らしている夜などわ、どんなに面白いかしれません。

また、毎日、大な魚が船といつしよに泳いでいるのも、見えます。奇麗な鳥が船を追つてくるのも、見えます。

天氣がよくて、海の靜なときに、船の上から海の景色を眺めているほど、氣持のよい事わありません。

(5-60)

練習

一 田中さんわ學問もよくできるし、からだも丈夫だし、友だちにも親切です。

二 雨わ降るし、日わ暮れるし、車わないし、誠に困りました。

三 本も讀んだし、書取もすんだし、もう、遊んでもよいのです。

第二十五課　船長の話　二

太陽　　　光、(5-61)

獅子、　　勢、

　子供わあまり、話が面白いから、熱心に聽いていました。船長わ話を續けています。

　暑い國え行くと、いつも、我が國の夏よりも暑うございます。寒い國え行くと、いつも、我が國の冬よりも寒くて、年中、雪の消えることわありません。

　又、暑い國でわいつも、晝と夜の長さが大抵同ドですが、さむい國でわ晝が短くて、(5-62)

夜がたいそう長うございます。冬になると、晝わ僅、一時間か二時間で、夜わ二十時間以上もあります。

　それからまた、暑い國でわ色色な植物が勢よく生長して、いつも靑靑としていますが、寒い國にわ大な植物が少うございます。支那の西に、インドというあつい國があります。太陽の光が強いから、その國の人わたいそう、色が黑うございます。(5-63)

インドのようなあつい國にわ、虎や獅子のような強い動物が、澤山居ます。

第二十六課　金持ニナツタ老人

商賣、　利子、　タマル、　預ケル、

資本、　ムダ、　タメル、　答エル、

　貧乏ナ家ニ生レテ、金持ニナツタ老人ガ、アリマシタ。或人ガソノ老人ニ、「ドウシタラ金持ニナレルカ」ト聞キマシタ。ソシタラ、老人ワコウ答エマシタ。(5-64)

　ワズカナ金デモムダニ使ワナケレバ、金持ニナレマス。貳錢カ參錢ノ金デモムダニ使ワナイデ、貯エテオケバ、ソレガダンダンタマツテ、拾圓ニモ、貳拾圓ニモナリマス。貳參百圓ノ金デモ貳參錢ズツムダニ使エバ、イツノマニカナクナツテシマイマス。

　貳參拾圓モタマレバ、人ニ貸シテモ、郵便局エ預ケテオイテモ、ソレエ利子ガツキマスカラ、イツノマニカ、五拾圓ニモ、六拾圓ニモナリマス。(5-65)

　又、五六拾圓ノ金ヲ資本ニシテ、商賣ヲスレバ、ドンナニ澤山ニナルカシレマセン。

金ワハジメ、少シタメルノガ、ムズカシイノデス。少シタマレバ、ソレヲ澤山ニスルノワ、ムズカシクワアリマセン。

デスカラ、少シノ金デモムダニ使ワナイ事ガ、金持ニナルノニ一番大切ナコトデス。(5-66)

第二十七課　貯金

貯金、　　　貯金臺紙、

銀行、　安全、　樂、

　金ヲ貯エルコトヲ、貯金トイイマス。貯金ヲスルノワ、郵便局カ、銀行エ預ケルノガ、一番安全デス。郵便局デワ、拾錢以上ナラ、何時デモ預リマス。

　又、拾錢以下ノ金ヲ預ケル人ノタメニ、便利ナコトガアリマス。ソレワ貯金臺紙トイウモノヲ貰ツテオイテ、壹錢デモ、貳錢デモ預ケタイト思ツタ時ニ、(5-67) 切手ヲ買ツテ、貼ルノデス。

　ソシテ、拾錢以上ニナツタ時、郵便局エ持ツテイツテ、預ケルノデス。貯金臺紙エ貼ツタ切手ノ殖エルノワ、樂ナモノデス。

郵便局エ預ケル貯金ヲ、郵便貯金トイイマス。(5-68)

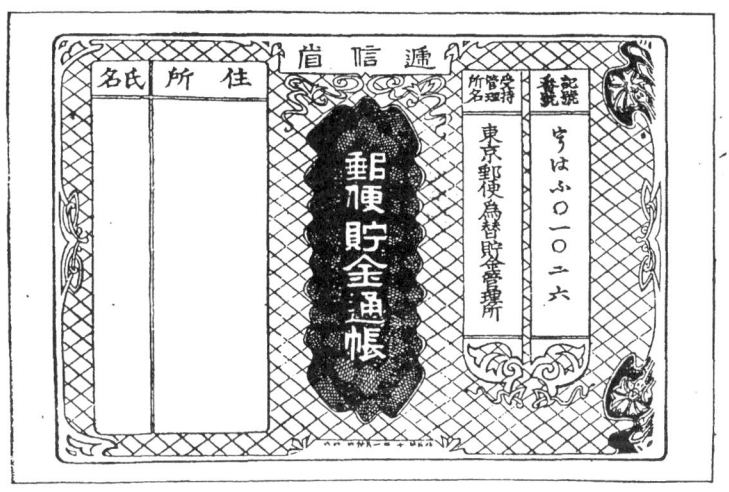

郵便貯金ワ利子ガ廉イカワリニ、イチバン安全デス。

銀行エアズケルノモ、タイテイワ安全デスケレドモ、中ニ
ワ、安全デナイ所モアリマス。

第二十八課　預金

利益、　　ソノ上、　　餘ル、(5-69)

ママ、　　キツト、　　互ニ、

大谷　人ガ銀行ヤ、郵便局エ金ヲ預ケルノワ、何ノタメデシヨウカ。

山田　ソレワ銀行ヤ郵便局エ預ケテオケバ、安全ダカラデス。

金ヲ澤山ウチエ置クト、盗マレルカモシレマセン。ナクスカモシレマセン。又、火事デ燒ケルカモシレマセン。

銀行ヤ、郵便局エ預ケテオケバ、取ラレタリ、ナクシタリ、(5-70)

燒ケタリシテモ、キツト拂ツテ、返シテクレマス。決シテ、預ケタ人ニ損ワサセマセン。

ソノ上、內エ置ケバ、殖エル事ワアリマセンガ、預ケテオケバ、利子ガツキマスカラ、自然ト殖エマス。

大谷　銀行ヤ、郵便局デワナゼ、利子ヲ拂ツテ、人ノ
　　　金ヲ預ルノデシヨウカ。

山田　銀行デワ、預ツタ金ヲ、マタ人ニ貸シテ利子ヲ
　　　取ルノデス。(5-71)
　　　郵便局デワ、貯金ヲススメテ、人ノタメニナル
　　　ヨウニスルノデス。
　　　廉イ利子デ預ツテ、高イ利子デ人ニ貸セバ、利
　　　益ガアルデシヨウ。銀行ワ餘ツテイル金ヲ預ツ
　　　テ、足リナイ人ニ貸スノデス。
　　　ソシテ、預ケル人モ、借リル人モ互ニ便利デ、
　　　マタ、銀行モ利益ニナルノデス。

練習

一　今日ワ雨ガ降ルカモシレマセン。(5-72)

二　今晩ワ歸ガ遅クナルカモシレマセン。

三　松下サンワイラツシヤラナイカモシレマセン。

四　ハヤク行ケバ、八時ノ汽車エ乘レルカモシレマセン。

五　コンナニ風ガ吹クト汽船ワ來ナイカモシレマセン。

第二十九課　雷

雷、　裂ける、　鳴る、　間、
駈けだす、　あぶない、(5-73)

　或日、春田さんと木村さんと二人いつしよに、學校から歸つてくる時、急に雲が出て、かみなりが鳴りだしました。そして、雨も大層降つてきました。木村さんわ驚いて、高い木の下え逃げこみました。

　春田さんわあわてて、「はやく、あつちえ行つてしまいましよう。「雷の鳴る時にわ、決して、高い木の下などに居てわならない」と先生がれつしやつたでわありませんか」と言いました。(5-74)

　けれども、木村さんわ「あつちえ行くと濡れるから、ここに居ましよう」と言つて、動かないでいますから、春田さんわ「そこに居るとあぶない。こつちえいらつしやい」と

言つて、駈けだしました。木村さんも (5-75)
恐しくなつてきて、駈けだしました。

　二人わ二十間ばかり向うにある家のなかえ、駈けこみました。駈けこむとすぐ、耳の裂けるほど、大な音がしました。二人わ驚いて、そこえ仆れました。

　しばらくたつて、二人が出て見たら、雷が落ちて、高い木わ二つに裂けていました。もし、春田さんが居なかつたら、木村さんわ木の下で、死んでしまつたかもしれません。そこで、木村さんわ (5-76)
春田さんにこう言いました。

　もし、君が居なかつたら、僕わ雷にうたれて、死んでしまう所でした。君わ先生のれつしやる事を、よく注意して、聴いていたから、よかつたのです。

　これからわ、僕もよく注意して、先生のれつしやる事を、聴きましよう。

第三十課　光と音

届く、　　　電、(5-77)

ひどい、　　ほんとう、

　雷の鳴るちよつと前にわ、光るでしよう。あの光を電とい
います。電が光るのといつしよに、雷わ鳴るのです。けれど
も、光が目に届いても、音わまだ耳に届かないから、雷の方
が後から聞えるのです。

　人が鐵砲を撃つのを、遠方から見た事がありましよう。煙
が見えてから、暫くたたないと、音わ聞えないでしよう。け
れども、ほんとうわ、(5-78)
煙の出るのと、鐵砲の鳴るのとわ、いつしよなのです。

　よく、氣をつけてごらんなさい。雷が光つてから、雷が聞
えるまでの時間が、長い時にわ、雷の音わ小うございます。

　光が見えて、すぐ、音のきこえる時にわ、きつと、ひどい
音がします。あれわ雷が近い所で鳴るからです。近い所で鳴
れば、音が耳に届く時間も短いから、音と光わたいてい、い
つしよになるのです。(5-79)

また、雷が鳴つても、電の見えないこともあるでしよう。

その時にも、ほんとうわ光るのですけれども、雲があつて、

見えないのです。(5-80)

普通學校學徒用國語讀本 卷五 終

明治四十四年三月十三日印刷

明治四十四年三月十五日發行

明治四十四年六月十五日再版

明治四十四年八月十五日三版

明治四十四年十二月十五日四版

明治四十五年　月　五日五版

大正　二年　月　五日六版

定價金六錢

朝鮮總督府

總務局印刷所印刷

朝鮮總督府編纂 訂正 普通學校學徒用

國語讀本 卷六

第3學年 2學期

朝鮮總督府編輯局出版

訂正

普通學校
學徒用

國語讀本

卷
六

卷六〔3學年 2學期, 1911〕目 次

第一課　空氣

吸ウ、　呼ク、　アタル、　狀袋、　扇、

呼吸、　空氣、　膨レル、　アオグ、

　先生ガ、暫ク息ヲセズニ、イテゴランナサイト言イマシタ
カラ、生徒ワ皆息ヲセズニイマシタ。スルト、スグニ苦シク
ナツテ、息ヲセズニワ、イラレナクナリマシタ。ソコデ、先
生ワコウハナシマシタ。(6-1)

　我我ワ、息ヲスルタビニ、口ト鼻カラ、空氣トイウモノ
ヲ、吸ツタリ呼イタリシテイルノデス。空氣ヲ呼吸シナ
ケレバ、我我ワ生キテイラレマセン。死ンデシマエバ、
呼吸ヲシナクナリマス。

　空氣ワ、目ニ見エナイケレドモ、何所ニデモアルノデ
ス。手ヲハヤク動カシテゴランナサイ。手エ何カアタリ
マシヨウ。マタ、扇デアオグト、顔エ何カアタツテ、ス
ズシイデシヨウ。(6-2)

　ソノ手ヤ顔エアタル物ガ、空氣デス。

　狀袋ナドエ息ヲ吹キコムト、膨レマシヨウ。アレワ、ソ

ノナカエ、空氣ガイツパイニナルカラデス。

練習

一　李サンワ、少シモ運動セズニ、勉強バカリシテイマス。

二　田中サンワ、考エズニ、スグ答エマシタ。(6-3)

三　父ワ、朝飯ヲ食ベズニ、出テマイリマシタ。

四　酒ワ飲マズニイラレマスガ、水ワ飲マズニワ、イラ
　　レマセン。

第二課　おはなと鏡　一

一々、　　通り、　　その内に、

怒る、　　まね、

　おはなわ、自分の顔が、鏡えうつつているのを、熱心に見
ていました。

　おはなが、目を大くすると、鏡のなかでも、目を (6-4)
大くします。口を開けると、口を開けます。口をむすぶと、
また結びます。おはなが、怒つてみたり、笑つてみたり、色
色しますと、鏡の中でも、いちいち、その通りにします。

　その内に、鏡の中の顔わ見えなくなりました。おはなわ、
不思議に思つて、母のところえ行つて、尋ねました。

おはな。　おかあさん、私の顔が鏡え寫つて、一々私のす
　　　　るまねをしていましたが、それがまるで (6-5)
　　　　見えなくなりました。何所え行つたのでしよう
　　　　か。

母。　　そうでしたか。それでわ、もう十分ばかりたつ
　　　て行つてごらん。

　母のいつたとうり、十分ばかりたつて行つてみたら、前の
顔がまた出てきて、(6-6)
いちいちおはなのまねをします。おはなわ一層ふしぎで堪り
ません。

第三課　おはなと鏡 二

干す、　　溫める、　　洗濯物、

冷す、　　水蒸氣、　　そば、

　おはなわ、また母の所え來て、尋ねました。

おはな。　おかあさんのおつしやつた通り、私の顔がまた
　　　　出てきました、前にわ何所え行つていたのでし
　　　　よう。(6-7)

母。　　どこえも行つていたのでわありません。おまえ
　　　　が鏡のそばえ寄つて、息をしていたから、鏡がく
　　　　もつて、おまえの顔が寫らなくなつたのです。
　　　　おまえわ、人が空氣を呼吸していることを知つ
　　　　ていましよう。その空氣のなかにわ、水蒸氣と
　　　　いうものが混つています。水蒸氣わ、水が空氣
　　　　のようになつたものです。洗濯物を干しておく
　　　　と、かわいて、水がなくなりましよう。(6-8)
　　　　あれわ、水が水蒸氣になつて、飛んでいくので
　　　　す。

水を溫めると、水蒸氣になります。水蒸氣を冷すと、また水になります。

おまえの呼きだした水蒸氣が、鏡えあたつて、小な水球が澤山できたから、鏡が曇つて、顔が寫らなくなつたのです。

おはな。　それでわ、十分ばかりたつて行つたときに、なぜ顔がまた寫つたのでしよう。(6-9)

母。　十分たつ内に、水球が、また水蒸氣になつて、飛んでいつてしまつたから、顔がまた寫るようになつたのです。

第四課　洪水

騷グ、　家族、　近所、　カワイソウ、

近年、　殘ル、　洪水、　溢レル、

　雨ガ四五日降リツヅイタノデ、川ノ水ガ溢レテ、田モ畠モ一面ニ水ニナリマシタ。橋ガ落チル、水ガ仆レル、作物ガ流レル、大變ナ騷デシタ。(6-10)

　アル村デワ、家ヤ牛馬マデモ流サレテ、村ノ人タチワ、タイテイ、近所ノ山エ逃ゲタソウデス。ケレドモ、流サレテ死ンデシマツタモノモ大勢アツタソウデス。

一番カワイソウナ話ワ、家族五人ノウチ四人マデ、(6-11)
流サレテシマツテ、タツタ一人七十バカリノ老人ガ、生殘ツ
タソウデス。

朝鮮デワ、每年、ドコカニ、洪水ガオコリマスガ、コンナ
ニ大ナ洪水ワ、少ウゴザイマス。

アル老人ノ話デワ、昔ワ、コンナニ度度、洪水ノ起ルコト
ワナカツタノニ、近年ワ、ズイブン度度、オコルトイウ事デ
ス。殊ニ、コノタビノヨウナ洪水ワ、六七十ニナル老人デ
モ、マルデ知ラナイソウデス。(6-12)

第五課　洪水の原因

原因、　　兩側、　　演說、　　留める、

諸君、　　堤防、　　殆ど、　　ついて、

　松山君わ、洪水がなぜ起るか、その原因について、演說を
しています。

　諸君、諸君わ、なぜ度度朝鮮に、洪水が起るか、知つて
いますか。

　朝鮮の內を旅行してごらんなさい。何所え行つても、山
にわ殆ど木がありません。(6-13)

　これが、たびたび洪水のおこる第一の原因です。

　山に木が茂つていると、草もたくさん生えます。そし
て、大雨が降つても、草や木わ、その水を留めておい
て、少しずつ流れるようにします。

　けれども、山に木がないと、雨の降るたびに、土が　流
されますから、草も生えないのです。そして、大雨の降
つた時にわ、その水が、みな (6-14)

一時にながれますから、すぐ洪水になるのです。

それから、又朝鮮にわ、堤防のない川が多うございま

す。これが、洪水のおこる第二の原因です。

山に草や木の少いために、沙が流れでて、川の底わ、兩

側の田畠よりも、高くなつた所が多いのです。

そして、堤防がないから、四五日も雨が降り (6-15)

つずくと、すぐに水が溢れて、洪水になるのです。

第六課　森林 一

森林、　　効用、　　廣ガル、

旱魃、　　起ル、　　和ゲル、

　松山君ノ演說ガスムト、スグニ、山田君ガ演說ヲ始メマシタ。

　諸君、私ワ、森林ノ効用ニツイテ、オ話イタシマス。

(6-16)

　朝鮮ノ山ニ木ノ少イコトガ、タビタビ洪水ノ起ル第一ノ原因デゴザイマス事ワ、唯今松山君ノ御演說デ、ヨクオワカリニナツタ事ト思イマス。

　松山君ノ言イマシタコトカラ、森林ワ洪水ヲ防グモノデアルト申スコトガデキマス。洪水ヲ防ギマスノワ、森林ノ第一ノ効用デゴザイマス。

　ソレカラ、ヨク注意シテゴランナサイ。(6-17)

　雲ワ、大抵、森林ノ上ノホウカラ起リハジメテ、ダンダン廣ガツテ、ソノ近所エ、雨ガ降ルノデゴザイマス。

森林ガゴザイマスト、雲ガ起リヤスクテ、雨モ度度降リ
マスカラ、森林ワ、旱魃ヲ防グノニ必要ナモノデゴザイ
マス。朝鮮ニ、雨ノスクナイノワ、森林ガ多クナイカラ
デゴザイマス。

マタ、夏ノ暑イ日中デモ、森林ノ間ワ涼シウ (6-18)
ゴザイマス。冬ノ寒イ朝、霜ガイチメンニ降ツタトキデ
モ、森林ノ下ニワ、霜ガゴザイマセン。森林ガアルト、
暑サモ寒サモ和グノデゴザイマス。

朝鮮ワ、冬タイソウ寒クテ、夏大層暑イノモ、森林ガ少
イカラデゴザイマス。

モシ、山ニ木ガタクサンアツタラ、暑サ寒サノチガイ
モ、コンナニヒドイ事ワ、ナイノデゴザイマス。

(6-19)

第七課　森林 二

片端、　　むやみに、　　骨を折る、

はなはだ、　　　必要、　　　ことに、

森林のすくない所にわ、洪水や旱魃が多くて、森林の多い所にわ、洪水や旱魃の少い事わ、よくわかりました。ですから、木を植えて、森林を造ることに、骨を折らねばなりません。

ことに、朝鮮では、木を植えることが、はなはだ、必要です。(6-20)

山に木が茂ると、洪水も旱魃もすくなくなつて、氣候もよくなりますから、作物もよくできます。けれども、いくら植えても、片端から、むやみに、伐つてしまえば、森林のできる時わありません。皆が注意して、だれが植えても、その木わ決して伐らないようにすれば、八九年の内にわ、澤山に森林ができましよう。

今から五十年ばかり前に、英國人がはじめて香港を取つた時わ、山にわ、木が一本もなかつたそうです。(6-21)
度度植えても、みな枯れてしまつて、生長しませんでしたが、四十ぺんも五十ぺんも植えて、とうとう、今日のようにしました。

今日香港え行つてみると、木が青青と茂つて、昔一本も木のなかつた山とわ、思われません。

第八課　公園

人口、　　折ル、　　市(シ)、

飼ウ、　　メツタニ、

　内地デワ、人口ガ二三萬モアル所ニワ、公園ノ (6-22)
ナイ所ワアリマセン。オウキナ市ニワ、幾ツモアリマス。

　公園ニワ、色色ナ草ヤ木ガ植エテアリマス。又、鳥ヤ魚モ
タクサン飼ツテアリマスカラ、中エハイルト、氣持ガヨクナ
リマス。

　市内ワ、家ガ多クテ、運動ガデキナイシ、マタ人モ大勢居
テ、空氣モワルウゴザイマス。デスカラ、公園ノヨウナ廣ク
テ空氣ノヨイトコロガ、入用デス。(6-23)

　公園ノ中ニワ、道ガタクサンアツテ、兩側ニ、木ノ枝ガ廣
ガツテイマス。マタ、美シイ花ガ、手ノトドク所ニ、イチメ
ンニ咲イテイマス。

公園

ソシテ、公園エワ、夜デモハイレマスカラ、枝ヲ折ツテモ、花ヲ取ツテモ、(6-24)

人ニ見ラレル事ワ、メツタニナイデシヨウ。

ケレドモ、枝ヲ折ツタリ、花ヲ取ツタリスル人ワ、一人モアリマセン。

第九課　文明國の子供

芝原、　　泣く、　　恥しい、

大便、　　小便、　　文明國、

　ある國の公園で、子供が遊んでいました。急に風が吹いてきて、帽子が芝原の中え飛びました。子供わ、大な聲を出して泣いていました。(6-25)

　芝原の中えはいれば、帽子わすぐ取れるのに、はいらないで、なぜそんなに泣いていたと思いますか。

　人がむやみに芝原の中えはいると、芝が枯れますから、はいつてわならない事になつているのです。

　ですから、芝原の中えはいる事わ、誰でも、悪いことと思つています。子供でも、はいるものわありません。それで、この子供わ泣いていたのです。(6-26)

　文明國でわ、みな、こんなふうですから、公園の木を折つたり、道で小便たりするものわありません。

朝鮮でわ、人の家のくだものを取つたり、道え大便したり
する者があります。恥しいことでわありませんか。

(6-27)

第十課　地球 一

議論、　　地球、　　越エル、　　球、

學者、　　圓、　　　四角、　　　平、

　　田中ト高木ト石黒ト三人ガ、コノ世界ノ形ニツイテ、議論ヲシテイマス。

田中。　　僕ワ、コノ世界ワ平ラデ、四角イト思イマス。

高木。　　僕ワ、平ラデ、圓イト思イマス。ソシテ、ソノ
　　　　　中ニ、高イ所モ低イ所モアツテ、(6-28)
　　　　　高い 所ガ陸デ、低イ所ガ海ダト思イマス。

石黒。　　モシ、諸君ノ言ウヨウニ、コノ世界ガ平ラデア
　　　　　ツテ、圓イカ四角イトスレバ、人ガ端ノ方エ行
　　　　　クト、落チテシマイマシヨウ。

田中。　　イイエ、端ニワ、東西南北共ニ、高イ山ガアル
　　　　　カラ、落チルコトワアリマセン。

石黒。　　ソレデモ、ソノ山ヲ越エテ、ムコウ側エ行ク
　　　　　ト、落チマシヨウ。諸君ワ、世界ノ形ガ、平ラ
　　　　　デアツテ、圓イダノ、四角イダノトイウ事ヲ、

誰ニ聞キマシタカ。(6-29)

高木。 誰ニモ聞カナイケレドモ、僕ガ一人デ、ソウ考
エタノデス。

田中。 僕モ、誰ニモ聞カナイケレドモ、唯ソウ思ツタ
ノデス。

石黑。 自分バカリデ考エタノデワ、イケマセン。世界
ノ形ニツイテワ、昔カラ、議論ガアツタノデ
ス。昔ワ、學者デモ、ミナ諸君ノヨウニ思ツテ
イタノデス。(6-30)

ケレドモ、今日デワ、コノ世界ワ、球ノヨウニ
圓イモノダトイウコトガ、ハツキリワカリマシ
タ。デスカラ、コノ世界ヲ地球トイイマス。

練習

一　大イダノ、小イダノトイツテモ、ヒドイ違ワアリマセ
　　ン。

二　暑イダノ、寒イダノトイツテモ、ヒドイ事ワアリマセ
　　ン。(6-31)

三　善イダノ、惡イダノトイツテモ、ハツキリ知ツタ人ワ
　　アリマセン。

第十一課 地球 二

表面、　　說明、　　證據、　　檣、

海岸、　　船體、　　サカサマ、

　高木ト田中ワ、世界ノ形ガ球ノヨウダト聞イテ、驚キマシ
タ。二人ワ、ドウシテモ、ソウワ思イマセン。

高木。　世界ノ形ガ球ノヨウダト、世界ノ上ニアル

　　　　水ワ、兩方エ流レテシマイマシヨウ。(6-32)

田中。　ソレデワ、地球ノ下ノホウニ居ル人ワ、ミナサ

　　　　カサマニ立ツテイルノデスカ。

石黑。　イイエ、水モ兩方エワ流レマセン。又、人モサ

　　　　カサマニワ立ツテイマセン。ケレドモ、諸君ニ

　　　　ワカルヨウニ、ソレヲ說明スルノワ、ズイブン

　　　　ムズカシイカラ、暫クソウ思ツテイラツシヤ

　　　　イ。私ワ、今ココデ、地球ノ圓イトイウ證據ヲ

　　　　話シマシヨウ。(6-33)

諸君ワ、海岸エ立ツテ、船ノ行ツタリ來タリスルノヲ、見タ事ガアリマスカ。船ガコツチエ向イテ來ル時ニワ、檣ノ頭カラ見エハジメテ、ダンダン近寄レバ近寄ルホド、(6-34)

帆ヤ船體ガ見エマショウ。マタ、船ガ向ウエ向イテ行ク時ニワ、第一ニ船體ガ見エナクナツテ、ソレカラダンダン、帆ヤ檣ガ見エナクナルデショウ。コレワ、地球ノ表面ガ平ラデワナイ證據デス。

モシ、地球ノ表面ガ平ラデアツタラ、船體モ帆モ

檣モイツシヨニ見エハジメテ、又イツシヨニ見

エナクナラナケレバナリマセン。マタ、船ニ乘

ツテ、西エ西エト行ケバ、(6-35)

元ノ所エ歸ツテコラレマス。コレモ、地球ガ圓

イ證據デシヨウ。

モシ、諸君ノ思ツテイルヨウニ、地球ガ平ラダ

トスレバ、向ウエ向ウエト、行クト、何所カ

デ、落チテシマワナケレバナリマセン。

練習

一 遠クナレバナルホド、小ク見エマス。

二 暖ニナレバナルホド、木ノ芽ガ、速ク生長シマス。

(6-36)

三 稻ノ穗ワ、熟セバ熟スホド、頭ヲサゲマス。

第十二課　水と陸

割合、　　棲む、　　示す、

平野、　　岩、　　地球儀、

　先生わ、地球儀を見せて、地球のことを生徒に說明してい
ます。

先生。　　地球の形わ、球のように圓いものである事わ、
　　　　知つているでしよう。これわ、地球儀といつ
　　　　て、地球の形を示すものです。(6-37)
　　　　地球の表面にわ、水のところと、陸のところと
　　　　があります。この靑い所わ水で、他の色の所わ
　　　　みな陸です。

生徒。　　それでわ、水の所わ、陸の所よりも、廣いの
　　　　で、ございますか。

先生。　　そうです。水が三なら、陸が一の割合です。
　　　　陸わ、水の三分の一しかありません。ですか
　　　　ら、水が陸の中にあるのでわなくて、陸が水の
　　　　中にあるのです。(6-38)

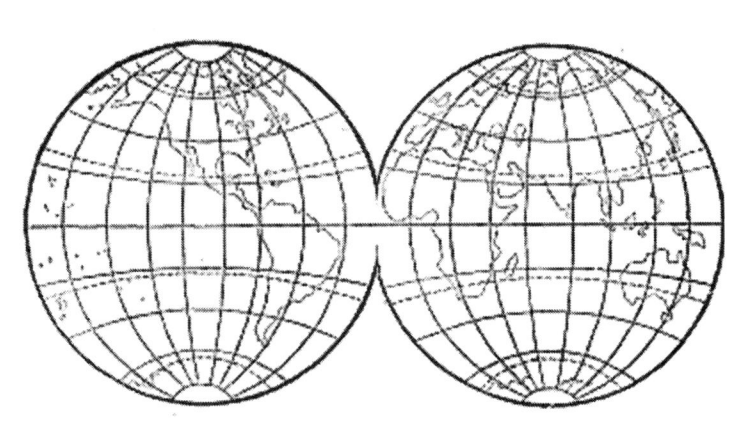

この地球儀の表面に書いてあるとうり、陸地
わ、いくつにも分れて、水に圍まれています。
大な陸地わ、大陸といつて、小な陸地わ、島と
いうのです。三方水に圍まれて、一方大陸に續
いている陸地わ、半島といいます。(6-39)

内地わ島で、朝鮮わ半島です。そして、支那わ
大陸の中にあります。

又、地球の表面わ、悉く陸地で、その低い所
え、水が溜つているといつてもよいのです。

海の底にも、岩や砂や土があつて、いろいろな
植物も生えて、動物も棲んでいます。

地球の表面で、一番高い所が山で、一番低い所
が海の底で、その間が平野です。(6-40)

第十三課　晝夜

蠟燭、　　正面、　　半面、　　離れる、

　太陽わ、朝、東から出て、夕方、西えはいつて、夜の間に、地球の向う側をまわつて、西から東の方え行くように見えましよう。けれども、ほんとうわ、太陽が廻つているのでわなくて、地球が廻つているのです。

　蠟燭え火をつけて、地球儀からすこし離れた所え置いて、地球儀をまわしてごらんなさい。(6-41)
地球儀の半面わ暗くて、半面わ明いでしよう。そして、地球儀が廻れば廻るほど、暗いところわだんだん明くなつて、明い所わ段段くらくなりましよう。

　太陽わ蠟燭のようなもので、地球わ地球儀のようなものです。太陽わ、いつも、地球の半面を照らしていますから、地球わ、いつも、半面わ明くて、半面わ暗くなつています。そして、明い所わ晝で、暗い所わ夜です。(6-42)

　地球儀わ小いから、ちよつとの時間で、まわります。

けれども、地球わ大層大いものですから、一ぺん廻るのに、長い時間がかかります。

　地球わ一ぺんまわるのに、二十四時間かかります。今ちようど、太陽のほうえ、正面に向いているところが、一廻して、又正面になるまでにわ、二十四時間かかるのです。地球が一廻する間を、一晝夜といいます。(6-43)

第十四課　老人三人の話

教師、　　習慣、　　方法、

長生、　　仕事、　　旨イ、

　アル村ニ、老人ガ三人ゴザイマシタ。一人ワ教師デ、一人ワ醫者デ、一人ワ農夫デゴザイマス。三人トモ、七十以上デゴザイマスガ、タイソウジヨウブデゴザイマシタ。或人ガ、ジヨウブデ長生スル方法ヲ、ソノ三人ニ尋ネマシタラ、三人ワ、コウ答エマシタ。

教師。　私ワ、長生スル方法トイツテ、別ニ考エタ事ワゴザイマセン。(6-44)

　　　タダ、子供ガスキデ、毎日學校エ行クコトヲ、樂ニシテイマス。マタ、若イ時カラ、運動ガスキデ、毎朝、早ク起キテ、散歩ニ行キマス。雨ガ降ツテモ雪ガ降ツテモ、散歩ニ出ナイ日ワゴザイマセン。

　　　コンナ事ガ、長生ノ原因カモシレマセン。

醫者。 私ワ醫者デスケレドモ、醫者ダカラ、長生スル
モノトハ限リマセン。
タダ、一度ニ澤山食ベタリ、飲ンダリスル事ワ、
決シテゴザイマセン。(6-45)
コレワ、小イトキカラノ習慣デゴザイマス。
コンナ事ヨリホカニ、長生ノ原因ワ、ベツニア
リマセン。
農夫。 私ワ、毎日野エ出テ働クノガ、仕事デ、ソレガ
マタ、何ヨリノ樂デゴザイマス。學問シタ事ノ
ナイモノデ、「今オマエヲ殺ス」ト書カレテモ、
知ラナイヨウナモノデゴザイマス。
又、旨イ物ナドワ、食ベヨウト思ツテモ、食ベ
ラレル身分デモゴザイマセン。(6-46)
ソレデモ、コンナニジョウブデ、長生シテイマ
スカラ、自分デモ、不思議ニ思ツテイマス。

第十五課　冬ノ植物

脱グ、　ナル、　枝、　カケル、

秋ノ末カラ、冬エカケテ、木ノ葉ワ、大抵落チテシマイマス。冬ニナツテ、葉ノナイ木ヲ見ルト、マルデ枯レテシマツタカト、思ワレマシヨウ。(6-47)

ケレドモ、アレワ、枯レタノデワアリマセン。枝ノサキノ葉ノ落チタ所ヲ、ヨクゴランナサイ。小イ芽ガアツテ、厚イ皮ニ包マレテイマス。

冬ニナツテ寒クナルト、我我ガアツイ着物ヲ着ルヨウニ、木ノ芽モ厚イ皮ニ包マレテ、寒サヲ防グノデス。ソシテ、春ニナツテ暖ニナルノヲ待ツテ、芽ワ、ダンダン、コノ皮ヲ脱イデ、生長スルノデス。

木ワ、新芽ヲ出スバカリデナク、又子孫ヲ殖ス (6-48)タメニ、實ガナリマス。桃ノ木ナドワ、人ニ食ベラレルタメニ、實ガナルノデワアリマセン。

　實ノ中ニワ、種子ガアツテ、種子ノ中ニワ、小イ芽ガアリ
マス。種子ワ、アノ小イ芽ヲ、保護シテイルノデス。春ニナ
ツテ、暖ニナルト、小イ芽ワ、種子ヲ破ツテ、生長スルノデ
ス。

　草ワ、タイテイ、枯レテシマイマス。ケレドモ、枯レタヨ
ウニ見エテモ、根ダケ生キテイテ、春ニナツテ、芽ノ出ルモ
ノモアリマス。(6-49)

　マタ、枯レテシマウモノデモ、枯レル前ニ、實ガナツテ、
子孫ヲフヤシマス。我我ノ毎日食ベテイル米ワ、稻ノ實デ、
アノナカニワ、目ニ見エナイホド小イ芽ガアルノデス。

第十六課　果物と野菜

幹、　　大根、　　梨、　　瓜、

蕪、　　茄子、　　林檎、

　植物の根や幹や葉や實にわ、食べられるものが、澤山ございます。(6-50)

　實ばかり食べられて、根や幹や葉の食べられないものもあるし、葉や根わ食べられるが、却つて實の食べられないものもございます。

　梨や桃や林檎のように、果物わ、大抵、實ばかり食べます。大根や蕪のように、野菜わ根と葉を食べる物が、多うございます。茄子や瓜などわ、野菜でございますが、根や葉を食べないで、實ばかり食べます。

　果物わ、大抵、夏の末から秋の末までに、實のなる物が、多うございます。(6-51)

冬と春、實のなる物わ、ほとんどございません。

　けれども、冬と春、食べるために、果物を貯えておく事が
できます。野菜も、夏と秋わ最も多くて、冬わ少うございま
す。けれども、根を食べる野菜わ、果物のように、(6-52)
冬も貯えておくことができます。

第十七課　動物の食物

肉類、　元氣、　狼　羊、　尖る、

弱る、　交ぜる、　齒、

　動物にわ、肉類を食うものと、野菜やくだものや穀物のような植物を食うものと、あります。獅子や虎や狼などわ、肉類ばかり食います。牛や馬や羊わ、植物ばかり食います。又、人わ、植物と動物と、兩方食べます。　(6-53)

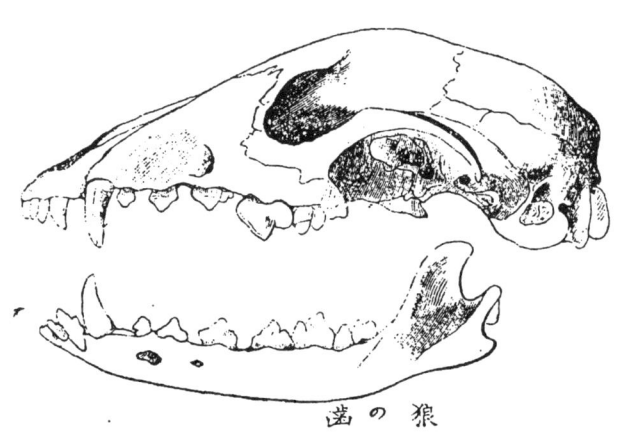

齒の狼

氣をつけて、動物の歯をごらんなさい。肉類を食う動物の歯わ、皆尖つていて、植物を食う動物の歯わ、平です。人の歯わ、平ですけれども、上にも下にも、左右に一本ずつ、四枚、少し尖つた歯がありましよう。この四枚わ、肉類を食べる歯です。

　もし、人が半年も一年も、肉類ばかり食べていたら、却つて、(6-54)

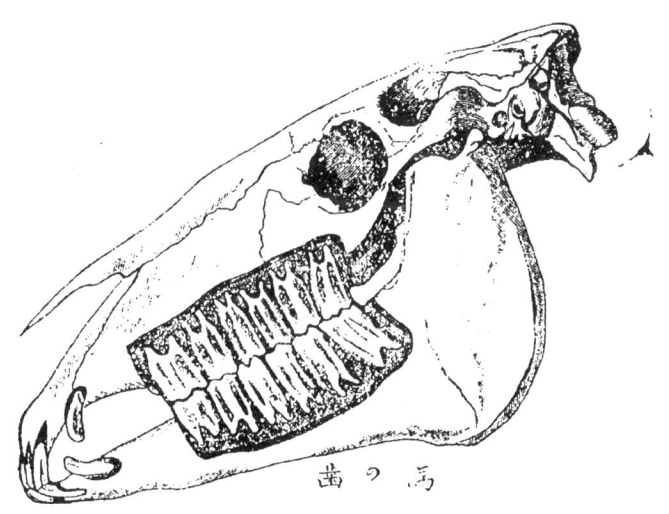

馬の歯

體が弱ります。又、植物ばかり食べていたら、色が青くなつて、段段痩せて、元氣もなくなります。ですから、我我わ、植物と動物を、良いかげんに、交ぜて食べなければなりません。

練習

一　大人の歯わ、上下十六枚ずつございます。(6-55)

二　子供の歯わ、上下十四枚ずつございます。

三　仁川と京城に、三日間ずつ滯在しました。

第十八課　胃の說諭 一

先ず、　胃、　會、　失禮、　贊成、

　ある時、目と耳と鼻と口と手と足と、これだけ集つて、相
談會をひらきました。口が、先ず、言いだしました。

　　胃が、うまいものを食べたり、飲んだりする(6-56)
　　ことの、できるのわ、皆、われわれの力です。けれど
　　も、胃わ、すこしも、禮を言いませんが、甚だ失禮で
　　わ、ありませんか。

　　これから、我我わ、はたらく事を止めて、胃をこまらせ
　　ようと思いますが、諸君のお考わ、どうですか。

　目も鼻も手も足も、皆、贊成しました、そして、足わ歩くこ
とを止めるし、手わ物を取ることを止めるし、目わ見ること
を止めました。(6-57)

　鼻も耳も、みな、自分のする仕事を、止めました。

　誰も食物を取つてくれないから、胃も仕事を止めなければ
ならなくなりました。

　四五日たつと、足わ、弱つて、歩こうと思つても、歩けず、手わ、物を取ろうとしても、取れなくなりました。目わ、落ちこんで、耳わ、きこえなくなりました。

　口わ、何か食べたくても、手が取つてくれないから、食べられません。水が飲みたくても、(6-58)
足が水のあるところえ、歩いていつてくれないから、飲めません。

　手も足も耳も目も、みな、色色考えてみましたけれども、なぜこんなに弱つたか、その原因が、わかりません。ですから、また、會を開いて、相談しました。

第十九課　胃の說諭 二

喚ぶ、　席上、　自慢、　滋養分、　送る、

消化、　感心、　養う、　めいめい、(6-59)

　みな集つて、色色相談しましたが、どうしても、原因がわか

りません。口わ、胃を困らせようと、第一に言いだしたので

すけれども、あまり、自分が苦しいものですから、胃を喚ん

できて、原因を聞こうと、言いだしました。胃わ、相談會の

席上で、皆に說諭しました。

　　諸君わ、僕が、唯、毎日、飲んだり、食べたりしている

　　ばかりで、何もしないと、思つているが、それわ、大な

　　間違である。又、諸君の取つて (6-60)

　　くれた食物を、僕がひとりで、食べていると、思つてい

　　るそうだが、それも、大なまちがいである。

　　僕わ、その食物を消化して、からだの方方え、送つてい

　　る。そして、諸君わ、僕の消化したものを、毎日食べて

　　いるのである。

もし、諸君の取つてくれた食物を、僕がそのままにして
おけば、何にもならない。これを滋養分にして、諸君を
養うのが、僕の仕事である。(6-61)

それで、僕わ忙しくて、殆どやすむこともできない。こ
ういうと、僕が自慢をするようだが決してそうでわな
い。

僕わ、食物がほしいと思つても、手が取つてくれなけれ
ば、どうすることもできない。手わ、食物を取ろうと思
つても、足が歩いてくれなければ、食物のあるところえ
わ、行けまい。また、手や足も、目が見てくれなけれ
ば、食物がすぐ近い所にあつても、取る事わできまい。

(6-62)

こういうように、我我わ、みな、たがいに、自分の仕事
をしているのである。それがよくわかつたら、ほかの事
わ考えずに、めいめい、よく、じぶんのしごとをしたま
え。それが、おうぜいのためで、また、自分のためにな
るのである。

　手も足も目も口も、みな、胃の言うことに、感心しました。

そして、めいめい、熱心に、その仕事を (6-63)

しましたから、十四五日のうちに、みな、元の通り、元氣よ

くなりました。

こういうように
そういうように
ああいうように
どういうように
　　　　　}　　する
　　　　　　　　なる
　　　　　　　　言う

第二十課　郵便切手ノ話 一

配達　賃錢、　ワザワザ、　配達夫、
渡ス、　收入、　メンドウ、(6-64)

ムカシ、切手ヤ端書ノナカツタ時ニワ、郵便ヲ配達スル賃錢ワ、差出人ガ拂ワナイデ、受取人ガ拂ツテイタノデス。配達夫ワ、手紙ヲ配達シテ、受取人ガ、ソレヲ受取レバ、賃錢ヲ受取ツテ、渡シマス。モシ、受取ラナケレバ、配達夫ワ、又持ツテカエツタノデス。

昔ワ、今ノヨウニ、郵便ヲ出ス人ガ、オウゼイワナカツタカラ、賃錢モ、ズイブン、高カツタノデス。一本ノ手紙ニ、五拾錢カラ壹圓五拾錢マデ、(6-65)
拂ワナケレバナラナカツタノデス。デスカラ、貧乏人ワ、賃錢ガ拂エナイカラ、手紙ガ來テモ、受取ルコトガ、デキナカツタノデス。

郵便局デモ、ワザワザ配達シタ手紙ヲ、受取人ガ受取ラナイカラ、損ヲシナケレバナラナカツタノデス。デスカラ、郵便局ノ人ワ、ドウカシテ、郵便局デ、損ヲシナイヨウニ、シタイトオモツテ、色色考エテイマシタ。

差出人ニ、賃錢ヲ拂ワセレバ、配達スルマエニ、(6-66)
賃錢ヲ受取ツテシマイマスカラ、郵便局デ損ヲスルコトワ、
アリマセン。ケレドモ、ソウスルト、郵便ヲ出ス人ガ、減リ
マスカラ、郵便局ノ收入ワ、殖エマセン。又、收入ガ殖エル
トシテモ、差出人カラ、イチイチ賃錢ヲ受取ルノワ、メンド
ウナ事デス。

メンドウヲ少クシテ、收入ヲ多クスルタメニ、切手ヲ貼ル
ヨウニ、ナツタノデス。(6-67)

第二十一課　郵便切手ノ話 二

誠ニ、　　無事、　官吏、　セツカク、

若イ、　　親切、　改良、

　今カラ八十年バカリ前ノコトデシタ。アル學者ガ、いぎり
すノ田舍道ヲ散歩シテ、小ナ家ノ前エ、來マシタ。

　チヨウド、ソコエ、配達夫ガ、手紙ヲ持ツテキマシタ。家
ノ中カラ、若イ娘ガ出テキテ、チヨツトソノ手紙ヲ見タバカ
リデ、スグ配達夫エ返ソウトシマシタ。(6-68)

　　學者ワ、ソレヲ見テ、コウ思イマシタ。セツカク手紙ガ來
タノニ、娘ガ受取ラナイノワ、賃錢ガ高イカラデアロウ。コ
ウ思ツテ、ソノ賃錢ヲ、拂ツテヤリマシタ。
配達夫ガ歸ルト、娘ワ、學者ニ、コウ言イマシタ。(6-69)

　　　ゴ親切ワ、誠ニアリガトウゴザイマスガ、コノ中ニワ、
　　何モ、ハイツテイナイノデゴザイマス。コノ手紙ワ、私
　　ノ兄カラ參ツタノデ、ゴザイマス。兄ガ家ヲ出ル時ニ、
　　コウ申シマシタ。

　　　手紙ノヨウナモノニ、高イ賃錢ヲ拂ウ事ワ、デキナイカ
　　ラ、タダ、トキドキ、カラノ狀袋ヲ送ロウ。チヨツト見
　　テ、何モハイツテイナケレバ、無事ダト思エ。ソシテ、
　　狀袋ワ、スグ配達夫エ返セ。(6-70)

　　　コウ申シマシタカラ、兄カラ手紙ガ參ツテモ、何時モ、
　　受取リマセンデ、返シテイルノデゴザイマス。

　ソノ學者ノ友ダチニ、郵便局ノ官吏ガアツタカラ、學者
ワ、娘ニ聞イタ事ヲソノママ、友ダチニ話シマシタ。

　ソノ官吏ワ、早クカラ、郵便ノ事ヲ熱心ニ考エテイマシタ
ガ、コノ話ヲ聞イテ、マスマス、(6-71)
郵便ヲ改良シナケレバナラナイト、思イマシタ。

第二十二課　郵便切手ノ話　三

工夫、　一様、　手間、　方(カタ)、
距離、　遠近、　イヨイヨ、

　ソノ官吏ワ、イロイロ工夫シテ、二通リノコトヲ、考エダ
シマシタ。一ツワ、遠クテモ、近クテモ、賃錢ヲ一様ニスル
コトデス。モウ一ツワ、切手ヲ工夫シタコトデス。

　今マデノヨウニ、距離ノ遠近ニヨツテ、(6-72)
賃錢ヲ違エテオクト、一々距離ヲ調ベテ、賃錢ヲ受取ラナケ
レバナリマセン。スルト、ズイブン手間ガカカリマスカラ、
人モ大勢ツカワナケレバナリマセン。距離ガ遠クテモ、近ク
テモ、賃錢ヲ一様ニシテオケバ、人モ大勢イラナイシ、郵便
モ早ク送ルコトガデキマス。

　又、コレマデノヨウニ、手紙ヲ出スタビニ、一々郵便局エ
行ツテ、賃錢ヲ拂ウノワ、差出人モ、郵便局ノ人モ、ズイブ
ン手間ガカカリマス。(6-73)
切手ヲ買ツテオイテ、何時デモ、手紙ノ出シタイトキニ、貼
ツテ出セバ、タイソウ便利デス。

　ソレカラ、又、ソノ官吏ワ、賃錢ヲ廉クスル事ヲ考エマシ
タ。今言ツタヨウニ、郵便ノ出シ方ヲ便利ニシテ、賃錢ヲ廉
クスレバ、郵便ヲ出ス人ガ急ニ殖エマスカラ、郵便局ノ收入
ワ、殖エル事ガアツテモ、減ル事ワナイト、言イマシタ。始
メテコレヲ聞イタ人ワ、皆笑イマシタガ、段段說明ヲ聞イテ
ミルト、便利ナコトガ、ワカツタモノデスカラ、(6-74)
贊成スル人ガ、大勢デキマシタ。

　ソシテ、イヨイヨ、ヤツテミルト、タイソウ便利デシタ。
ソノ官吏ノ言ツタヨウニ、手紙ヲ出ス人ガ急ニ殖エテ、郵便
局ノ收入モ殖エマシタ。外國デモ、コノ話ヲ聞イテ、マネヲ
シマシタカラ、スグニ、世界中ニ廣ガリマシタ。(6-75)

練習

一 手紙ノ書方ヲ、知ツテイマスカ。

二 勉强ノシカタガ惡イト、損デス。

三 今ノ説明ノシカタワ、ヨウゴザイマス。

四 米ノ直段ワ、高クナル事ガアツテモ、廉クナル事ワナ
　　イデショウ。

五 汽車ワ、九時ヨリ早ク着ク事ガアツテモ、遲ク着ク事
　　ワアリマセン。(6-76)

普通學校學徒用國語讀本 卷六 終

明治四十四年三月十三日印刷
明治四十四年三月十五日發行
明治四十四年六月十五日再版
明治四十四年八月十五日三版
明治四十四年十二月十五日四版
明治四十五年七月五日五版
大正二年一月十五日六版

定價金六錢

朝鮮總督府

總務局印刷所印刷

朝鮮總督府編纂　訂正 普通學校學徒用

國語讀本　卷七

第4學年　1學期

朝鮮總督府編輯局出版

訂正

普通學校

學徒用

國語讀本

卷七

卷七 [4學年 1學期, 1911] 目 次

第一課　雨と雪　一

神樣、　　池、　　はく、

想像、　　腹、

　山口と松川と、雨の降る日に、學校からかえりながら、雨
わ何所から降るかという事について、議論しています。二人
とも、どうして降るのか、知りません。ただ、めいめいの想
像で、議論しているのです。(7-1)

山口　　僕わ、天に大な池があつて、その水を、神樣
　　　　が、降らせるのだと思う。

松川　　僕わ、天にそうきな魚が居て、水をはくのだと
　　　　思う。君の言うように、池に溜つているとすれ
　　　　ば、何時か、水のなくなるときが、來なければ
　　　　ならない。魚がはいているとすれば、魚の體か
　　　　ら出てくるのだから、幾ら降つても、なくなる
　　　　事わない。

山口　　池に溜つているだけの水なら、(7-2)
　　　　君の今いう通り、なくなる事もある。けれども、

池の水がなくなれば、神様がまた入れてれくから、決してなくなる事わない。

君の言うように、魚の腹の中に、溜つている水を、魚がはくのだとすれば、それこそ、すぐ、なくなつてしまう。

二人わ、道の眞中え立つて、議論していました。そして、うしろから先生の來たのを、少しも知りませんでした。(7-3)

「眞赤になつて、何を議論しているのですか」と言われて、二人わ驚きました。

山口　いま、雨がどこから降るか、二人で議論しているのです。先生、雨わどこから降るのでしようか。

先生　それわ、むずかしい事で、また大切な事ですから、明日學校で、みなといつしよに、話してあげましよう。(7-4)

第二課　雨と雪 二

熱　　冷す、　　空中、　　あたる、

あくる日、　湖、　様々、　くつつく、

あくる日、先生わ、みなの生徒に、雨わどうして降るか、話てきかせました。

雨わ、もと、この地球の上にあつた水です。

海や川や湖などの水が、太陽の熱で溫つて、水蒸氣になると、空中え飛んでしまいます。そして、その水蒸氣わ、寒い風や冷い山などにあたれば、冷えて、小い水球になります。(7-5)

この水球わ、大そう輕いから、風に吹かれて、色々な形になつて、方々え飛んでいきます。これが雲です。雲わ、太陽の光を受けると、様々の色にもなりますけれども、よく見れば、小な水球の集つたものです。

雲が一層冷えると、大な水球ができます。

それが、たくさん、くつついて、一層大な水球になると、地上え落ちてきます。これが雨です。ですから、雨の降るのわ、地上にもとあつた水が、(7-6)

また地上え歸るのです。天に大な池があつたり、魚が居たりするのでわ、ありません。

雪も、雨と同ものです。唯、あまり寒い時にわ、雨になるのが、凍つて、雪になるのです。

今まで雪の降つていたのが、何時のまにか、雨になつている事が、あるでしよう。あれわ、空氣が溫くなつて、水蒸氣がこうらなくなるからです。また、雨の降つていたのが、(7-7)すぐ雪に變るのわ、空氣が冷くなつて、水蒸氣が凍るからです。

練習

一 夏になると、暑くなるのわ、太陽がちかくなるからです。

二 冬になると、太陽が遠くなるから、寒いのです。

三 春になると、暖になるから、草や木の芽が出るのです。(7-8)

四 子供の泣くのわ、何かほしいからです。

五 蝶や蜂が、花を捜して、飛んであるくのわ、花の中に、うまい食物があるからです。

第三課　我國

順二、　　延ビル、　　讓ル、

　我國ワ、東北カラ西南エ、ナガク延ビテイル國デス。我國ニワ、島ガ、カゾエラレナイホド、澤山アリマス。ソノ中デ、大ナ島ガ、六ツアリマス。(7-9)

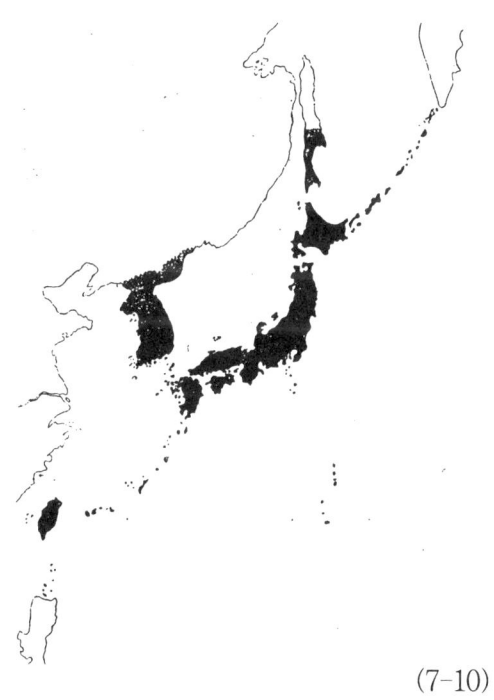

(7-10)

北ノホウカラ、順ニ言ツテミマスト、樺太、北海道、本
州、四國、九州、臺灣デス。コノウチ、本州ガ一番大クテ、
四國ガ一番小ウゴザイマス。

北海道ノ東北ニ、小イ島ガ、澤山ツズイテイルデシヨウ。
アレヲ千島トイウノデス。又、九州ト臺灣ノ間ニモ、小イ島
ガ、タクサン續イテイルデシヨウ。アレヲ琉球トイウノデ
ス。

千島ノ北ノ端カラ、臺灣ノ南ノ端マデワ、凡ソ千二百里モ
アルノデス。(7-11)

又コノ外ニ半島ガ一ツアリマス。ソレワ朝鮮デス。

コノ地圖ヲゴランナサイ。黒イ所ワ我國デ、白イ所ワ他ノ
國デス。

第四課　內地ノ府縣

> 府、　　郡、　　知事、　　役所、
> 市、　　廳、　　長官、

　内地ニワ三府ト四十三縣ガアリマス。三府トイウノワ、東京ト大阪ト京都ノコトデス。(7-12)

ソシテ、北海道ト朝鮮ト臺灣ト樺太(カラフト)ワ、別ニナツテイルノデス。

　府ヤ縣ノ役所ヲ、府廳、縣廳トイツテ、ソノ長官ヲ、府知事、縣知事トイイマス。

　東京府ノ役所ヲ、東京府廳トイツテ、ソノ知事ヲ、東京府知事トイイマス。マタ山口縣ノ役所ヲ、山口縣廳トイツテ、ソノ知事ヲ、山口縣知事トイイマス。

　府縣ワ、朝鮮ノ道ノヨウナモノデ、府縣知事ワ、道長官ノヨウナモノデス。(7-13)

　府ヤ縣ノ下ニワ、市ヤ郡ガアリマス。市ヤ郡ノ長ヲ、市長、郡長トイツテ、ソノ役所ヲ、市役所、郡役所トイイマス。

東京市ワ東京府ノ内ニアツテ、大阪市ワ大阪府ノ内ニアリマス。マタ京都市ワ京都府ノ内ニアリマス。

第五課　新橋のすてーしよん

合鑑、　赤帽、　人力車、　馬車、(7-14)

番號、　冠る、　待合室、　小荷物取扱所、

　こゝわ新橋のすてーしよんです。人が大勢集つているでしよう。あの中にわ、今着いた人もあるし、これから汽車え乗る人もあります。また見送りに來た人もありましよう。

(7-15)

　すてーしよんの外にわ、人力車や馬車などが、たくさんあ
ります。あの馬車わ、大抵、金持の人か、身分のよい人が、
自分で持つているのです。

　すてーしよんの中に、待合室や小荷物取扱所などがありま
す。小荷物取扱所え行つて、切符を見せると、荷物をあずか
つて、合鑑をくれます。汽車の着いた時に、そこのすてーし
よんの小荷物取扱所え行つて、合鑑を出すと、あずけた荷物
わ、返てくれます。(7-16)

　また、小い荷物わ、汽車の中え持つてはいるのです。汽
車の前で荷物を持つて、働

いて居る人が、二三人あり
ましよう。あれわ、赤い帽
子をかぶつているから、赤
帽というのです。赤帽わ、
すてーしよんに居て、客の
荷物を運ぶ人です。

少しばかり金をやれば、荷物を運んでくれます。(7-17)

　赤帽わみな正直です。もし、少しでも、不正直なことをすると、すてーしよんの役人が、すぐにやめさせて、もう來られないようにしますから、正直なものばかりです。

　赤帽の着物に、番號がつけてありましよう。荷物をわたす時に、よくその番號を見て、覺えていれば、間違つても、すぐわかります。

第六課 宿屋 一

宿屋、戸口、茶、座蒲團、勞レル、(7-18)
部屋、鞄、煙草盆、

中村ト內田トフタリワ、宿屋エ着キマシタ。フタリガ、車
カラ下リテ、戸口ヲハイルト、番頭ガスグ出テキマシタ。

番頭　　イラツシヤイマシ。

番頭　　オ客様ダヨ。

番頭ノ聲ヲ聞イテ、女中ガ出テキマシタ。

女中　　イラツシヤイマシ。

番頭　　十八番エ、ゴ案內。(7-19)

女中ワ、「サア、ドウゾ、コチラエ」ト言ツテ、十八番ノ部
屋エ、案內シマシタ。ソシテ、座蒲團ヲ出シテオイテ、スグ
ニ、下エ行キマシタ。五分バカリタツテ、煙草盆ト茶ヲ持ツ
テキテ、フタリニ茶ヲ出シテ、

女中　　ドチラカラ、イラツシヤイマシタカ。

內田　　平壤カラダ。

女中　ソレデワ、ズイブン、オ勞レデゴザイマシヨウ。少シオ休ミニナリマシタラ、オ湯ニ、ゴ案内イタシマシヨウ。(7-20)
　　　汽車エオアズケニナツタオ荷物ワ、ゴザイマセンカ。

中村　一ツアルノダガ、取ツテキテクレルカ。

女中　ヨロシウゴザイマス。スグニ、取リニヤリマス。合鑑ワ、オ持チデゴザイマスカ。

中村　アヽ、コレダ。

　女中ワ、合鑑ヲ受取ツテ、下エ、下リテイキマシタ。
(7-21)

二人ワ、鞄カラ着物ヲ出シテ、着カエマシタ。

中村　ズイブン、勞レマシタネ。

内田　汽車ガ、コンデイマシタカラネ。ケレドモ、宿屋エ着イテ、着物ヲ着カエタ時ノ氣持ワ、何トモ言エマセンネ。

第七課　宿屋 二

宿泊料、　茶代、　翌朝、　平野水、

札、　　勘定書、　合計、　スマセル、

二人ワ、湯ニハイツテカラ、夕飯ヲスマセマシタ。(7-22)
ソレカラ、女中ヲ呼ンデ、

中村　　明日ワ、午前八時ノ汽車デ、釜山ノ方エ行クノ
　　　　ダカラ、六時半ニオコシテクレ。ソシテ、スグ
　　　　朝飯ヲ出シテクレ。

女中　　カシコマリマシタ。

翌朝(アクルアサ)ハヤク、女中ガ來テ、起シマシタ。二人
ワ、アマリ勞レタカラ、ヨク眠ツテイマシタ。

內田　　汽車ニ乘遲レテワ、イケナイカラ、飯ヲ速ク出
　　　　シテクレ。勘定書モ、持ツテキテクレ。(7-23)

女中　　勘定書ワ、オフタリ、ゴイツシヨデ、ヨロシウ
　　　　ゴザイマスカ。

內田　　ソレデ、ヨロシイ。

女中ワ、スグ下エ下リテ、飯ヲ持ツテキマシタ。ソシテ、勘定書モ持ツテキマシタ。勘定書ニワ、コウ書イテアリマシタ。(7-24)

記

一金參圓也　　宿泊料御二人前

一金貳拾四錢也　平野水二本

合計金參圓貳拾四錢也

內田ワ、五圓札ヲ出シテ、

內田　　コレデ、取ツテクレ。壹圓ダケ茶代。アトワ、

　　　　オ前ニアゲル。

女中　　アリガトウゴザイマス。

　番頭ガ來テ、「オ車ガ參ツテイマス」ト、言イマシタ。

(7-25)

二人ワ、女中ト番頭ニ、荷物ヲ持タセテ、下リテイキマシ

タ。ソシテ、車エ乘ルト、女中ト番頭ワ、高イ聲デ、イツシ

ヨニ、「アリガトウゴザイマスオ靜ニ」ト、言イマシタ。

　　　　翌朝(アクルアサ)　　翌晩(アクルバン)

　　　　翌日(アクルヒ)　　翌月(アクルツキ)

　　　　翌年(アクルトシ)

第八課　書籍の注文

定價、　　廣告、　　本屋、　　受取、

郵稅、　　注文、　　爲替、　　組む、(7-26)

木村さんわ、世界地圖のよいのを、買いたいと、思つてい
ました。ある朝、新聞を見ていたら、こんな廣告がありまし
た。

新刊世界地圖定價金壹圓五拾錢郵稅金參拾錢

發行所 東京市日本橋區本石町東京書籍會社

はやく買つて見たいと思つて、京城中の本屋え行つて、聞い
てみましたけれども、どこにも、ありません。仕方がないか
ら、郵便局え行つて、壹圓八拾錢の爲替を組んで、東京の本
屋え、注文をしました。(7-27)

十日ばかりたつて、東京から、紙包を送つてきました。ま
た、手紙も來ました。木村わ、はやく見ようと思つて、

急いで紙包を開けましたら、中に、奇麗な地圖の本が、入つ
ていました。

記

一金壹圓五拾錢　世界地圖一部

一金參拾錢　　　郵稅

合計金壹圓八拾錢也

右正ニ受取候也

七月十日　　東京書籍會社

木村　様

そして、手紙の中にわ、こういう受取が、はいつていまし
た。(7-28)

第九課　動物と植物 一

肥料、　　助けあう、　　旨い、

こな、　　知らずに、　　汁、

　動物が、植物の葉や根や實を食う代りに、動物の體から出たものが、植物の肥料になることわ、皆さんも、よく知つているでしよう。このほか、人の氣のつかない事で、動物と植物と、互に助けあつている事があります。(7-29)

　蜂や蝶が熱心に花を尋ねて飛んであるくのわ、なぜだと思いますか。花の中にわ、甘い汁があつて、その汁わ、蜂や蝶の一番すきな食物です。蜂や蝶わ、この甘い汁を吸おうと思つて、(7-30)

花から花えと、飛んであるくのです。

こういうと、みなさんわ、花わ蟲のために咲いているのだと、思うでしよう。けれども、蟲わ、花から旨い食物を貰う代りに、花のために、大切な仕事をしているのです。

蜂や蝶の頭や足にわ、細い毛がたくさん、生えていましよう。熱心に汁を吸つている間に、花のこなが、その毛えつきます。そのこなを、蜂や蝶わ、何とも知らずに、他の花え運んでいくのです。(7-31)

ですから、蟲わ花に旨い汁を吸わせてもらうし、花わ蟲にこなを運んでもらつて、互にたすけあつているのです。

　　　　見ずに　　　見ないで

　　　　言わずに　　言わないで

　　　　聞かずに　　聞かないで

　　　　思わずに　　思わないで

　　　　知らずに　　知らないで (7-32)

　　　　問わずに　　問わないで

第十課　動物と植物 二

室內、　　しめる、　　急に、　　要る、

　動物が、呼吸するときに、吸いこむ空氣わ、良い空氣で、呼きだす空氣わ、惡い空氣です。小な室の戸をしめて、そこえ大勢人がはいつていると、頭がいたくなります。それわ、人の呼きだした惡い空氣が、室內えたまるからです。(7-33)

　長いあいだ、町のなかに居てから、急に野原え出ると、たいそう氣持がよくなるでしよう。町のなかにわ、人が大勢居て、空氣がわるくなつています。その惡い空氣を吸つていたのが、急に野原の良い空氣を吸うからです。

　ですから、町に居るものわ、ときどき野原え出て、良い空氣を吸わなければなりません。また、時々戸を開けて、室內え、良い空氣を入れなければなりません。(7-34)

　もし、動物の呼きだした空氣が、そのまゝになつていたとすれば、惡い空氣ばかりたまるから、世界中の動物わ皆、死んでしまわなければなりません。

けれども、動物に悪い空氣わ、植物にわ、入用な良い空氣ですから、植物わ、動物の呼きだした悪い空氣を吸つて、動物に良い空氣を呼きだしてやります。ですから、植物わ、動物に、空氣の洗濯をしてやるのです。われわれが野原え出ると、(7-35)

急に氣持のよくなるのわ、植物の洗濯してくれた良い空氣を吸うからです。

植物の呼きだした空氣わ、動物にわ、いりような良い空氣ですが、植物にわ、もう要らなくなつた空氣です。動物わ、それを吸つて、植物に、良い空氣を呼きだしてやります。ですから、動物も、また、植物に、空氣の洗濯をしてやるのです。

もし、この世界に、植物ばかりあつて、すこしも動物が居なかつたとすれば、植物の呼きだした (7-36)

空氣ばかりたまるから、植物わ皆、枯れてしまわなければなりません。

第十一課　よい丁稚

丁稚、　　　卒業證書、　　　もつと、

目的、　　　なるほど、　　　おぎ、

　或所に、よく働いて、儉約をして、金持になつた商人があ
りました。ある時、丁稚をひとり雇いたいと思つて、新聞え
廣告をしました。

　廣告を見て、申しこんだものが、五十人ばかりありまし
た。(7-37)
なかにわ、學校の卒業證書を持つてきたものもありました。

　ところが、この商人わ、卒業證書などを持つていない子供
を、雇いいれる事にしました。番頭たちわ、不思議に思つ
て、そのわけを尋ねました。

　主人の答が、たいそう面白うございます。

　　あのこどもわ、學校の卒業證書よりも、もつとよいもの
　　を、私に見せた。

第一に、あの子供わ、私の前え來たとき、(7-38)

一番ていねいにおｆぎした。これわ、あの子供が、叮嚀

な證據である。商人わ、客を叮嚀に扱うことに、注意し

なければならない。

第二に、あの子供わ、あとから來た小な子供に、椅子を

取つてやつた。あれで、あの子供わ、親切な事がわか

る。(7-39)

商人わ、客に、しんせつでなければならない。たゞ利益

を取ることばかりが、商人の目的でわない。

第三に、私が、あの子供に、「お前わいつも、學校で

一番か二番であつたそうだね」と、言つて聞いた時に、「いゝえ、私わ、一番や二番になつたことわございません。たいてい、七番か八番でございました」と、こたえた。あれで、あの子供の正直なことがわかる。(7-40)

親切と叮嚀と正直とわ、商人に、一番大切なことである。この内、一つでもなかつたら、決して、良い商人になることわできない。

あの子供わ、よいものを三つ、持つている事が、わかつたから、雇うことにしたのだ。

番頭たちわ、この話を聞いて、なるほどと、感心しました。

練習

一　もつと澤山ありませんか。(7-41)

二　もつと厚い紙を見せてください。

三　もつとよく咲いたら、もつと奇麗になりましょう。

第十二課　東京

都會、　　土地、　　搜しにくい、

宮城、　　草原、　　區、

　東京わ、我國の首府で、人口わ、およそ二百萬あります。

アジヤでわ、一番大な都會です。三百年ばかり前までわ、丸

で草原でありましたが、(7-42)

だんだん開けて、今のような大な都會になつたのです。

　東京わ、十五區に分れています。京橋區とか日本橋區とか

いうのわ、一區一區の名です。(7-43)

一區の中にわ、町がたくさんあります。又、一つの町の中に

わ、家がたくさんあ
りますから、家の建
てゝある土地に、番
號がつけてありま
す。

　ですから、東京え手紙を出す時にわ、こういうふうに書き
ます。

東京市日本橋區呉服町十五番地

高 木 八 郎 様

又、あまり廣くて、搜しにくい町わ、一丁目二丁目(7-44)
三丁目というふうに、小く分けてありますから、そういう

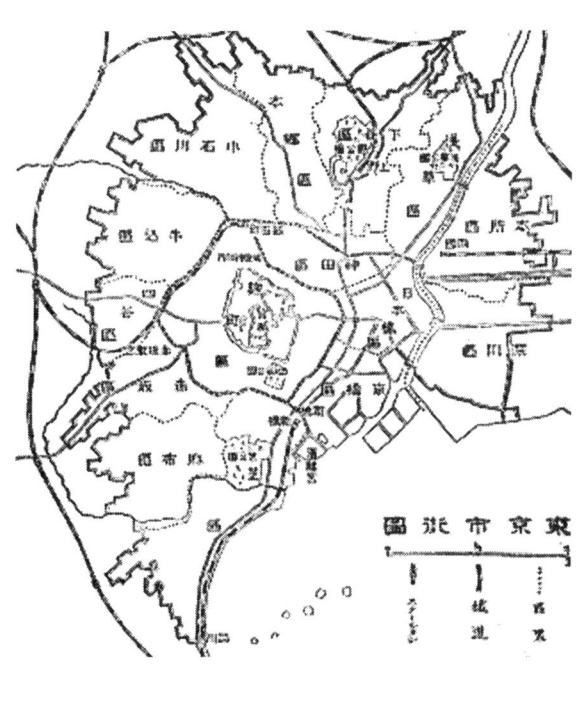

所え手紙をおくるときにわ、(7-45)

こういうふうに、書かなければなりません。

東京市日本橋區本町三丁目一番地

石 川 又 一 様

この地圖を、ごらんなさい。一番まんなかの區わ、麴町區といつて、宮城のあるところです。西の方から行つた時に、汽車の着く所わ、新橋のすてーしよんです。宮城からわあまりとうくない所にあります。

   見にくい   讀みにくい (7-46)

   言いにくい 聞きにくい

   書きにくい 乘りにくい

第十三課　議論ト喧嘩

上品、　　譲リアウ、　　喧嘩、

下品、　　ムキダス、　　唾、

　犬ヤ猫ナドワ、自分ノ事バカリ考エテ、ホカノモノノ事ワ考エマセン。デスカラ、少シノ肉ヲ見テモ、スグ喧嘩ヲシマス。人間モ、學問ガナクテ、下品ナ人ワ、自分ノ事バカリ考エテ、他人ノ事ヲ考エナイカラ、(7-47)
ヨク喧嘩ヲスルノデス。

　學問ガアツテ、上品ナ人ワ、自分ノコトバカリ考エナイデ、互ニ譲リアウカラ、喧嘩ナドスル事ワ、殆ドアリマセン。

　孔子ワ、「自分ノスキナモノワ、人ニヤレ。自分ノ嫌ナモノワ、人ニヤルナ」ト、言イマシタ。孔子ノ言ツタヨウニスレバ、喧嘩ノ起ルコトワ、ナイデシヨウ。

　ケレドモ、人ノ心ワ、顔ノ違ウヨウニ、皆違ツテイマス。

(7-48)

心ガ違エバ、考モチガイマス。考ノ違カラ、議論ガオコルノ
デス。議論ト喧嘩ワ、別ナモノデス。議論ワシテモヨイガ、
喧嘩ワシテワナリマセン。

　下品ナ人ワ、議論ガ起ルト、スグ喧嘩ヲシマス。

　上品ナ人ワ、ヨク考エテミテ、考ノ違ウトコロヲ、靜ニ言
イアイマスカラ、喧嘩ヲスルコトワアリマセン。眞赤ナ顔ニ
ナツテ、目ヲムキダシタリ、口ヲ尖ラセタリ、唾ヲ飛バシタ
リシテ、喧嘩シテイルノワ、(7-49)
見ニクイモノデス。

第十四課　裁判所 一

裁判、　裁判官、　訴える、　人民、　勝つ、

裁判所、　　罰する、　　政府、　　きまる、

　昔わ、二人が喧嘩をすれば、強いものが勝つて、弱いもの
が負けると、きまつていました。弱いものわ、強いものに、
どんな無理な事をされても、こらえていなければならなかつ
たのです。

　だんだんひらけて、政府が人民を保護する (7-50)
ようになつてからわ、強い者でも、無理な事わ、できなくな
りました。

　今わ政府に、大勢の官吏があります。官吏わ、色色の便利
をはかつて、人民を保護してくれるのです。

　もし、悪い人があつて、他人の物を取つたり、またわ、借
りた物を返さなかつたりするような事があれば、害を受けた
人わこれを政府に訴えて出ればよいのです。(7-51)

訴の起つたときわ、最も公平に事を決定せねばなりません、けれども、もし、一方の言う事ばかり聽くと、善い人を罰して、惡い人を保護するような事が、あるかもしれません。

ですから、裁判所というものを置いて、訴える人と、訴えられる人と、兩方の言うことを、聽く事にしました。官吏わ、兩方の言うことを聽いて、それから、どつちが善いか考えて、裁判します。この裁判する官吏を、裁判官といゝます。(7-52)

裁判官わ、正直でなければなりません。もし、裁判官が不正直であつたなら、善いものを罰して、わるいものを保護するように、なりますから、裁判所があつても、何にもなりません。

第十五課　裁判所 二

財産、　　法律、　　默る、

生命、　　勝手、

　どこの國でも、昔わ、裁判官が、勝手に裁判する事が、で
きたのです。そして、不正直な裁判官が、(7-53)
惡い人から、金などを貰つて、善い人を、罰する事も、たび
たびありました。

　今わ、法律というものができて、裁判官わ、法律によつ
て、裁判するように、なりました。そして、その法律わ、廣
く人民に知らせてありますから、裁判官の勝手に裁判する事
わ、できないのです。

　また、昔わ、人民と人民の爭わ、裁判所え訴える事ができ
ましたが、官吏の無理な事をしたのわ、訴える所が、なかつ
たのです。ですから、(7-54)
官吏が、ずいぶん無理な事をすることも、ありました。

　官吏が、人民の持つている財産を、無理に取つても、人民
わ、どうする事も、できなかつたのです。

財産ばかりでなく、生命でも、官吏の勝手にする事が、でき
たのです。

　親が殺されても、子わ、默つて見ていなければならなかつ
たのです。又、子が殺されても、親わ、どうする事も、でき
なかつたのです。

　今わ、よく開けた國にわ、官吏のする事が、(7-55)
無理だと、思つたときに、人民の訴える裁判所もあります。
そんな國でわ、人民の生命や財産が、よく保護されていま
す。

　ですから、人民わ、幾ら財産を造つても、むやみに人に取
られる事わ、決してありません。人を殺すとか、ひどく惡い
事をするとかしなければ、生命を取られるような事もありま
せん。

第十六課　晝夜ノ長短

新曆、　　晝夜、　　反對、(7-56)

四季、　　長短、　　末、

　夏ワ、夜ガ短クテ、晝ガ長ク、冬ワ、ソノ反對デ、晝ガ短クテ、夜ガ長ウゴザイマス。夏ノウチデモ、イチバン晝ガ長クテ、夜ノ短イノワ、新曆デ、六月ノ二十二三日頃デス。

　ソレカラ、段々晝ガ短クナリ、夜ガ長クナツテ、九月ノ二十二三日頃ニナルト、晝ト夜ノ長サガ、チヨウド同シニナリマス。ソノ時ワ、晝モ夜モ、十二時間ズツデ、太陽ワ、朝ノ六時ニ出テ、夕方ノ六時ニハイリマス。(7-57)

　九月ノ末カラ後ニワ、晝ガ夜ヨリモ、短クナリマス。ソシテ、イチバン晝ガ短クテ、夜ノ長イノワ、十二月ノ二十二三日頃デス。

　ソレカラ、又段々晝ガ長クナリ、夜ガ短クナツテ、三月ノ二十一二日頃ニワ、又晝ト夜ノ長サガ、チヨウド同シニナリマス。

三月ノ末カラワ、又晝ガ夜ヨリモ、長クナツテ、六月ノ二十二三日頃ニナルト、晝ガ一番長クテ、(7-58)夜ガ一番短クナルノデス。

四季ノ内デ、夏ワ、晝ガ長クテ、夜ガ短ウゴザイマス。冬ワ、晝ガ短クテ、夜ガ長ウゴザイマス。春ト秋ワ、晝ト夜ノ長サガ、大抵同シクライデス。

第十七課　赤道

　　赤道、　　線、　　半球、　　眞上、

　先生ガ、地球儀ヲ見セテ、生徒ニ、話ヲシテイマス。ソシテ生徒ワ熱心ニ聞イテイマス。(7-59)

先生　コノ地球儀ヲゴランナサイ。コヽニ、一本、太イ線ガアリマシヨウ。コレワ、何ノタメニ引イテアルト、思イマスカ。

松村　ソレワ、地球ノ眞中ヲ見セルタメデス。

先生　ソウデス。ソシテ、コレヲ赤道トイヽマス。赤道カラ北ワ、北半球デ、南ワ南半球デス。我國ヤ支那ワ、ドツチノ方ニアルカ、言ツテゴランナサイ。

村田　北半球ニアリマス。(7-60)

先生　一年ノ内デ、晝ト夜ノ長サノ同ジ時ワ、何月デスカ。

山口　三月ト九月デス。

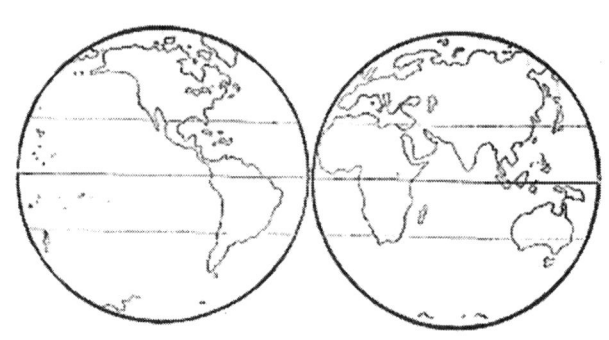

先生　ソウデス。ソノ時ニワ、太陽ガ、チヨウド赤道
　　　ノ眞上ニ、アルノデス。
　　　一年中デ、晝ノ一番長イノワ何月デ、夜ノ一番
　　　長イノワ何月デスカ。(7-61)

田原　晝ノ一番長イノワ六月デ、夜ノ一番長イノワ十
　　　二月デス。

先生　コヽニ、又、北半球ニモ、南半球ニモ、一本ズ
　　　ツ、太イ線ガアリマシヨウ。晝ノ一番長イ時ニ
　　　ワ、太陽ガ、北半球ノコノ線ノ眞上ニ、來ルノ
　　　デス。ソシテ、夜ノイチバン長イ時ニワ、南半
　　　球ノコノ線ノ眞上ニ、來ルノデス。(7-62)

第十八課　星

實際、　ねかしい、　うそ、　散らす、

この老人わ、三人の孫に、星の話をしています。

老人　　今夜わ、月がなくて、よく晴れているから、

　　　　星がたくさん、見えています。ごらんなさい。

(7-63)

ちようど玉を散らしたようで、美しいでわあり

ませんか。ちよつと見ると、人の眼の球よりも、もつと小いようですが、實際わ、大層大なものです。どのくらい大いと、思いますか。

壽童　人の頭ぐらい大いのですか。

老人　そんなに小くわありません。福童わ、どのくらい大いと思うか、言つてごらん。

福童　私も、人の頭ぐらいかと、思つていましたが、

(7-64)

それなら、家ぐらい大いのですか。

老人　もつと大いのです。貞童、言つてごらん。

貞童　それでわ、山よりも大いのですか。

老人　まだまだ大いのです。この地球の何百倍もあるのが、幾つもあります。

　三人の子供わ、祖父さんが、うそを言うのだと思つて、いつしよに笑いました。

老人　たかしいことわありません。星わ、大いのですけれども、大層遠い所にあるから、小く見えるのです。(7-65)

何でも、遠い所にあるものわ、小く見えます。
この地球でも、星の所から見たら、やつぱり、
あの星のように、小く見えるでしよう。
いま見えているほかに、星わ、まだまだ澤山あ
るのですが、あまり遠い所にあるのわ、人の目
にわ、見えません。また、近い所にあつても、
割合に小くて、見えない星も、ずいぶんあるの
です。(7-66)

普通學校學徒用國語讀本 卷七 終

明治四十四年三月十三日印刷

明治四十四年三月十五日發行

明治四十四年六月十五日再版

明治四十四年八月十五日三版

明治四十四年十二月十五日四版

明治四十五年七月五日五版

大正二年一月十五日六版

朝鮮總督府

總務局印刷所印刷

定價金貳拾錢

朝鮮總督府編纂　訂正 普通學校學徒用

國語讀本　卷八

第4學年 2學期

朝鮮總督府編輯局出版

訂正

普通學校
學徒用

國語讀本

卷

八

卷八[4學年 2學期, 1911] 目 次

第一課　物の價

たゞ、　一層、　めつたに、　殊に、

薪、　　まい、　例えば、

石原　鐵や銅わたいそう入用なものだのに廉くて、金
　　　や銀わあまり入用でないのに高いのわ、なぜで
　　　しようか。

山口　鐵や銅わたくさんあるけれども、金や銀わたく
　　　さんないからです。(8-1)
　　　米や薪などわ鐵や銅よりももつと入用だのに、
　　　又一層廉いのわ、鐵や銅よりももつとたくさん
　　　あるからです。
　　　この世界で、水や空氣ほどいりようなものわあ
　　　りません。水や空氣がもしなかつたら、我々わ
　　　生きていることわできません。殊に空氣がなか
　　　つたら、半時間もたゝない内に死んでしまうで
　　　しよう。

けれども、唯も金を出して空氣を買う人わ あり
ません。(8-2)

又、水を買う人も、めつたにわありますまい。
いくら入用でもたくさんあつて、買わないでも
よい物わ、皆たゞです。價わありません。

けれども、水のような物でも、丸でない所や少
い所などえ行くと、價があります。例えば、人
の大勢住んでいる町や、山の上などでわ、金を
出して水を買う事がありましよう。

石原　それでわ、絹の織物などに一尺二三圓する(8-3)
　　　のもあるし、また、四五拾錢しかしないのもある
　　　のわ、なぜですか。

山口　高い方わ造るときに手間が多くかゝついていて、廉
　　　い方わ手間がすこししか、かゝついていないのです。
　　　何でも手間の多くかゝるものわ、澤山できない
　　　から高くて、手間の多くかゝらない物わ、澤山
　　　できるから廉いのです。(8-4)

練習

一　言うまいと思つても、つい言いたくなります。

二　雨わ降るまいと思つていたら、急に降りだしました。

三　あの人わ約束をちがえるようなことわ、ございますまい。

四　この筆わ一本五錢します。

五　あの鉛筆わ一本三錢しかしません。(8-5)

第二課　紙幣ト爲替

現金、　　不便、　　ヤツト、

相場、　　交換、　　扱ウ、

　昔ワ、貨幣ガナカツタカラ、人ガ何カ買イタイト思ウトキ
ニワ、別ナ品物ヲ持ツテイツテ、買イタイ品物ト交換シタノ
デス。例エバ甲ノ人ワタクサン、鹽ヲ持ツテイテ、乙ノ人ワ
タクサン、米ヲ持ツテイタトスレバ、甲ワ乙ノトコロエ鹽ヲ
持ツテイツテ、米ト交換シタノデス。

　モシ、米ト鹽ノ相場ガ同ジデアツタラ、米一升ワ (8-6)
鹽一升ト交換シマス。ケレドモ、米ノ相場ガ鹽ノ二倍ダトス
レバ、米一升ワ鹽二升ノ割合デ交換シナケレバナリマセン。

　コンナフウニ、品物ト品物ヲ交換シタノデスカラ、何か買
イタイ時ニワ、ソノ品物ヲタクサン持ツテイル人ヲ、捜サナ
ケレバナリマセン。又、ヤツト捜シダシテモ、コツチデ賣リ
タイ品物ガ、ムコウニ要ラナケレバ、交換スルコトワデキマ
セン。(8-7)

　デスカラ、昔ワズイブン不便デシタケレドモ、貨幣ガデキ

テカラワ、大層便利ニナリマシタ。ソレワ品物ヲ交換シナイ

デ、スグニ、貨幣デ買ウカラデス。

　ケレドモ、貨幣ワ重クテ、持運ニワ、随分不便デシタガ、

ソノ後貨幣ガデキテ、持運ニモ、大層便利ニナリマシタ。

　貨幣ヤ、紙幣ワ便利デスガ、遠方エ持ツテイツタリ、送ツ

タリスルトキニワ、取ラレタリ、ナクシタリ (8-8)

スル事ガアリマス。マタ、紙幣ワ輕イケレドモ、タクサンア

ルト、大ナ荷物ニナリマス。

　コノ不便ヲナクスタメニ、爲替トイウモノガデキタノデ

ス。爲替ニスレバ、現金ヲ扱ワズニ、タクサンノ金ガ何所エ

デモ送レマス。コンナフウニ、何デモ、ダンダン便利ニナツ

テイキマス。

第三課　天津條約

條約、　　亂暴、　　屬國、

約束、　　ヤハリ、(8-9)

　朝鮮ワ昔カラ、清國ノ屬國ノヨウニナツテイマシタガ、今
カラ三十年バカリ前ニ、我國ガ始メテ、朝鮮ワ清國ノ屬國デ
ナイト言イダシマシタ。ソレデ、世界ノ國々デモ、皆、ソウ
思ウヨウニナツタノニ、清國デワヤハリ、昔ノ通リニ思ツテ
イマシタ。

　一方デワ屬國デナイト思ツテイルノニ、一方デワ屬國ノヨ
ウニシテイマスカラ、我國ト清國ワ互ニ、ヨク思ワナイヨウ
ニナリマシタ。(8-10)

　今カラ二十幾年カ前ノコトデシタ。京城ニ居タ清國ノ兵隊
ガ、我國ノ兵隊ニ亂暴ナコトヲシカケマシタカラ、我國デワ
大層オコリマシタ。ソレカラ、兩方ノ國ノ兵隊ガイツショニ
居ルト、マタ喧嘩ヲスルカモシレナイカラ、我國ト清國ト約
束シテ、互ニ、朝鮮エ兵隊ヲ置カナイコトニシマシタ。

　両方ノ國ノ人ガ清國ノ天津デ出會ツテ、コノ事ヲ約束シマ
シタカラ、コノ約束ヲ「天津條約」トイヽマス。(8-11)
國ト國ノ約束ヲ「條約」トイウノデス。
　天津條約デワ、我國モ清國モ朝鮮エワ兵隊ヲ置カナイ事、
モシ亂暴ナコトヲスル者ガアツテ、兵隊ヲ出サナケレバナラ
ナイ時ニワ、タガイニ知ラセテ後ニ、兵隊ヲ出ス事ヲ約束シ
マシタ。

第四課　日淸戰爭

　　東洋、　　追出す、　　講和、　　擊沈める、

　　西洋、　　攻める、　　總督、

「學問わ東洋の學問だけでよい。西洋の學問 (8-12)
などするものわ、國のためにならない」と言つて、何でも、
外國のことを好かない人が、朝鮮に大勢ありました。

　今から十何年か前に、そんな人たちが集つて、外國人を追
出そうとしました。その時に、淸國わ兵隊を牙山え上陸させ
ました。そして、我國えわ、「屬國の內に亂暴な者ができたか
ら、兵隊を出す」と言つてやりました。

　我國でわ、「朝鮮わ淸國の屬國でわない。(8-13)
それだのに、淸國がむやみに、兵隊を送るなら、我國でも兵
隊を送つて、朝鮮に住んでいる我國の人を保護する」と言つ
て、兵隊を出しました。これが日淸戰爭の初で、明治二十七
年です。

　それから、淸國わ兵隊を軍艦に乗せて、牙山え送ろうとし
ましたが、我國の軍艦に出會つて、擊沈められました。

　そのあいだに、清國の兵隊わ北の方から平壤まで來まし
た。我日本軍わ一日で、それを攻破りました。(8-14)
また、我軍わ鴨綠江を渡つて、清國え攻めこんで、旅順を取
りました。

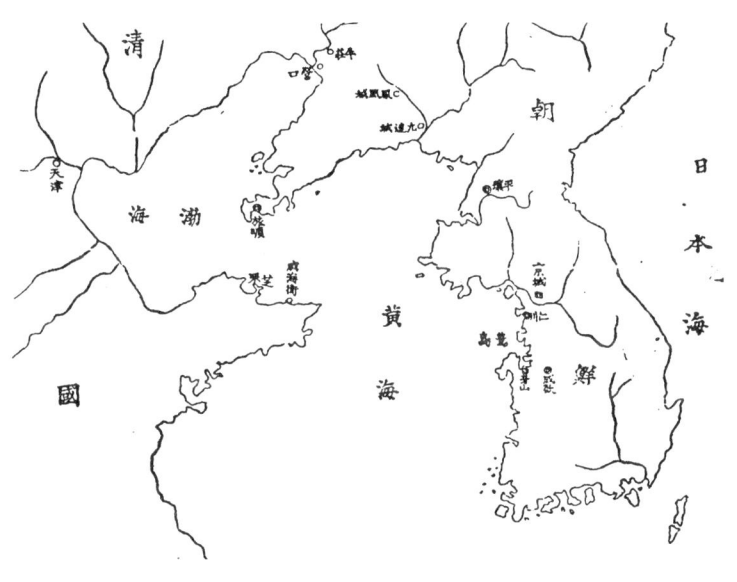

海軍も我國の方がたいそう勝つて、清國の軍艦わ皆、威海衞
という所え逃げこみました。我國の陸軍と (8-15)

海軍といつしよになつて、威海衛を攻取りましたから、淸國でわもうかなわないと思つて、多くの償金を出し、臺灣を我國え讓つて、講和をしました。そして朝鮮わ自分の屬國でわないということを、承知するようになりました。

この時から我國では、臺灣に總督を置て、治めることになりました。

第五課　隣國

本國、　　物産、　　分捕る、(8-16)

隣、　　砲臺、　　凍る、

　土地の廣さからいえば、世界で、いちばん大な國わロシヤ
で、その次わ支那です。イギリスわほうぼうに廣い土地を持
つていますが、本國わ我國よりも小い國です。

　世界で一番大なロシヤと支那とわ、二つとも我が國の隣に
なつています。我國わこの二つの國に比べれば、たいそう小
いが、強い國です。

　支那わたゞ廣いばかりでなく、氣候も良いし、(8-17)

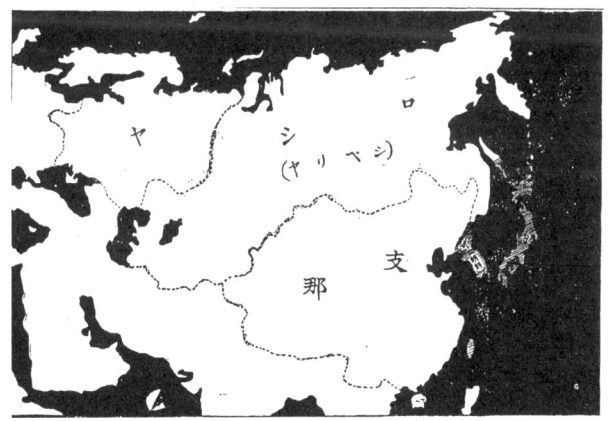

(8-18)

土地も肥えているし、物産もたくさんあつて、人もよく働きます。けれども、昔の事ばかりよいと思つて、新しい學問をする人が少いから、割合に強くわないのです。

ロシヤわたいそう廣いけれども、北のほうにあるから、氣候が惡くて、物産わ土地の廣い割合に、たくさんありません。ロシヤの北のほうの海などわ、一年の半分わ、凍つていて、船がかよいません。そして、良い港もないのです。(8-19)

それで、ロシヤわ朝鮮の東北にあるウラジオストツクという港を、清國から取つたのです。けれども、この港わ冬になると、すつかり凍つてしまいます。

どうかして、凍らない良い港が欲しいと思つて、やつと、旅順を清國から借りて、そこえ軍艦を集めたり、砲臺を造つたりしました。けれども、これも日露戰爭で、我國に取られました。

我國わ、小な國ですけれども、早くから新しい (8-20)
學問をしたから、強い國になりました。我國の海軍わ大層強くて、日清戰爭でわ、清國の軍艦をすつかり、撃沈めたり、

分捕つたりしました。又、日露戰爭でも、ロシヤのたくさん
の軍艦を、分捕つたり、擊沈めたりしました。

練習

一　せいの高さからいえば、山口さんが、一番です。

二　學問のよくできることからいえば、高橋さんが一番で
　　す。(8-21)

三　我々に入用なことからいえば、金屬の內で、鐵が一番
　　ですけれども、直段からいえば、金にかなうものわ
　　ありません。

第六課　分業

分業、　　塗ル、　　造リアゲル、

器具、　　熟練、　　削ル、

　一箱ノマツチワ誠ニ廉イモノデスケレドモ、大勢ノ手デ造ツタモノデス。マツチワ木ト、紙ト、(8-22)

藥デ造ツテアリマス。

　山デ木ヲ伐リダス人ト、ソノ木ヲハコブ人ト、木ヲ割ツテ小クスル人ワ、ミナ、同ジ人デワアリマセン。又、小クシタ木ヲ削ツテ、薄クスル人ト、細クスル人ワ、ミナ、違ウ人デス。

　細ク削ツタ木デ、マツチヲ造ルノモ、薄ク削ツタ木カラ、マツチノ箱ヲ造ルノモ、ミナ、別ナ人ガスルノデス。又、マツチノ端エ藥ヲ附ケルノモ、箱エ紙ヲ貼ルノモ、ソノ紙ノ上エ藥ヲ塗ルノモ、(8-23)

ミナ、一人デスルノデワアリマセン。

　デスカラ、一箱ノマツチデモ、造リアゲルマデニワ、大勢ノ手ガカヽツテイルノデス。ソノ上、マツチエ塗ル藥ヤ、箱エ貼ル紙ヲ造ルノニワ、何十人ノ手ガカヽツテイルカ

シレマセン。

　ソシテ又、マツチヲ造ルニワ、器具モ要リマス。

　家モ建テナケレバナリマセン。ソノ家ヤ、器具ヲ造ツタ人
マデモ、數エテミレバ、一箱ノマツチヲ造リアゲルノニワ、
何百人トイウ人ガカヽツテイルノデス。(8-24)

　コンナフウニ、一ツノ品物ヲ造ルノニ、大勢デ手ワケシテ
スル事ヲ、「分業」トイヽマス。近頃ワ何デモ、分業デスルヨ
ウニナリマシタ。

　若シ、マツチ一箱ヲ造ルノニ、木ヲ伐リダス事カラ、藥ヲ
造ル事マデ、スツカリ、一人ノ手デスルトスレバ、タイソ
ウ、時間ガカヽツテ、ソノ上、ヨイ品物ワデキマセン。

　トコロガ、分業デスルト、時間モ多クワカヽリマセン。

(8-25)

マタ、誰モ、熟練シタ仕事バカリスルノデスカラ、品物モ立
派ナモノガデキルノデス。

　　　シアゲル。　　　縫イアゲル。

　　　塗リアゲル。　　刈リアゲル。

練習

一　農夫ワモウ、稻ヲ刈リアゲマシタ。

二　コノ着物ワ今日中ニ縫イアゲラレマス。

三　壁ワスツカリ塗リアゲマシタカ。

四　コノ家ワズイブン手ノカ丶ツタ家デス。(8-26)

五　手ワケヲシテホウボウ尋ネタケレドモ、見ツカリマセ
　　ン。

第七課　我々の着物

機械、　織る、　工業家、　材料、

世間、　布、　　そまつ、

　我々の着る着物わ、たいてい、木綿か、絹か、麻か、毛織です。木綿も、絹も、麻も、毛織も、その材料わ皆、農夫の手でできたものです。

　昔わ、農夫がじぶんで絲をとつたり、(8-27) 布を織つたりして、着物を造つていましたが、近頃わ段々、それが少くなりました。

　今でわ農夫わ綿や繭をそのまゝ、商人に賣ります。商人わそれを買集めて、又、工業家に賣ります。工業家わ大な機械を使つて、そんな材料を布にして、それを又、商人に賣ります。そして、商人わそれを廣く、世間え賣りだすのです。

　ですから、農夫わ自分で作つた材料を賣つて、美しい布にしてもらつて、また、商人から買うのです。(8-28)

誠におかしなようですけれども、その方が便利なのです。

農夫がじぶんで絲をとつて、布を織ると、大層、時間がかゝつて、その割合に、美しい着物わできません。

それよりも、(8-29)材料のまゝで賣つて、絲を取つたり、布を織つたりする手間で、他の仕事をすれば、美しい着物を買う事ができます。

われわれの着ている着物わ、農夫が畠え作るときから、こんなに美しく造りあげるまでにわ、ずいぶん手間のかゝつたものです。ですから、一尺の布でも、そまつにしてわなりません。

第八課　銀行　一

定期預、　貸附係、　期限、　ね、

當座預、　預金係、(8-30)

　大橋わ金を銀行え預けに、來ました。

大橋　　金をすこし預けたいのです。

爲替係　あゝ、それわあすこえ持つていらつしやい。私
　　　　の所でわ爲替ばかり扱うのです。

大橋　　預金を扱うのわこゝですか。

貸附係　それわ此所でわありません、こゝわ貸附係で
　　　　す。この次の口から三番めに、「預金係」と書い
　　　　てある口がありますから、其所えおいでなさ
　　　　い。(8-31)

大橋　　金をすこし預けたいのです。

預金係　そうですか。おいくらですか。

大橋　　百貳拾圓です。

　　　　どんなふうにして、預けるのですか。

預金係　　預金にわ定期預と、當座預と、(8-32)

　　　　二通りあります。定期預にしますと、半年と

　　　　か、一年とか、期限をきめて、おあずけになる

　　　　のですから、期限よりも前にわ引出せません。

　　　　當座預にしますと、別に期限をきめないで、お

　　　　預けになるのですから、お入用のときわ、何時

　　　　でも引出せます。どちらになさいますか。

大橋　　それでわ、當座預のほうが便利ですね。(8-33)

預金係　　そうです。そのほうがご便利です。

大橋　　それなら、當座預にしてください。

練習

一　右から五人めに立つている人が、金さんです。

二　手紙が三日めに着きました。

三　この次の通りから五つめの通りを、左えいらつしやい。

四　左側で五軒めだと覺えています。(8-34)

第九課　銀行 二

住所、　日歩、　書入レル、　出納係

姓名、　六朱、　當ル、　ツキ、

預金係　　ケレドモ、利子ワ定期預ノ方ガ高イノデスカ
　　　　ラ、近イ內ニオ入用デナケレバ、ソノ方ニナサ
　　　　ルト、オ得デス。

大橋　　　ア丶、ソウデスカ。ソレデワ、定期預ト、當座
　　　　預ト、ドノクライ、利子ガ違イマスカ。

預金係　　當座預ワ百圓ニツキ、日歩ガ壹錢五厘デス。

(8-35)

定期預ワ一箇月六厘デスカラ、日歩ワ凡ソ貳錢
ニ當リマス。デス
カラ、定期預ノ方
ガ百圓ニツキ、一
日五厘ズツ得デ
ス。

百貳拾圓オ預ケニナリマスト、一日ニ六厘ズツ得ニナリマス。六厘トイエバ、何デモ (8-36) ナイヨウデスガ、一箇月ニワ拾八錢ニナリマス。

大橋　コノ金ワ六箇月ノ間ワ、要ラナイノデスカラ、ソレデワ、定期預ニシマシヨウ。

預金係　ソレデワ、コノ紙エ金高ト、ゴ住所ト、ゴ姓名ヲオ書キクダサイ。

ソシテ、ソノ金ワ、コノ次ノ「出納係」ト書イテアル所エ、持ツテイツテ、オ出シクダサイ。

大橋ワ出納係ノ所エ金ヲ持ツテイツテ、(8-37) 渡シマシタ。出納係ワ小ナ受取ヲ渡シテ、

コノ紙ヲ預金係ノトコロエ持ツテイラツシヤイ。

ソレカラ、大橋ガ預金係ニソノ受取ヲ出シタラ、預金係ワ大ナ帳面エ書入レテ、別ニ、預リ證ヲ渡シマシタ。大橋ワ銀行ノ仕事ガ一々、分業ニナツテイルノニ、感心シマシタ。

練習

一　一箇月ニツキ、拾五錢ノ利子デス。(8-38)

二　利子ワ一箇月ニツキ、拾五錢デス。

三　百圓ニ付、日歩參錢ノ割合デス。

第十課　良い醫者

眼病、　　　入院　　　上手、

診察、　　評判、　　ぐずぐず、

　ある所に名高い醫者がありました。病氣を治すことが上手で、「あの醫者にかゝれば、どんな病氣でも、治らないことわない」と、評判されていました。(8-39)

　「良い醫者だ、良い醫者だ」といふ評判が、高くなりましたから、色々な病人が方々から、診察してもらいに來ました。

　或朝、その醫者の子供が「眼が痛い、眼が痛い」と言いました。醫者わちよつと見て、「これわたいへん惡い病氣だ。ぐずぐずしていると、盲目になつてしまう」と言つて、あわてゝ、すぐ、眼醫者をよびにやりました。

　眼醫者わいそいで來て、診察して、「これわ大變 (8-40)惡い病氣です。速く病院え入れなければ、盲目になるかもしれません」と言いましたから、すぐに入院させました。二週間ばかりで、すつかりなおりました。

　近所の人わ皆、ふしぎに思つて、「あれほど上手な醫者だのに、なぜ、ドぶんの子の病氣を自分で治さないで、他の醫者に診察させたのでしようか」と言つていました。これを聞いて、その醫者わある時、隣の人にこんな話をしました。

(8-41)

　醫者が他の醫者を喚んで、診察してもらつても、不思議な事わありません。昔の醫者わ一人で、何の病氣も診察していたのですが、近頃わ體の内の事と、外の事とわ皆、別な醫者が診察するようになりました。また、眼や耳の病氣にわそれぞれべつに、醫者があります。

　昔の醫者の知つていたくらいな事わ、今わ醫者でない人でも知つています。(8-42)

　今日の醫者わ何の病氣の事でも、一通りわ知つていますけれども、その内、ドぶんの一番よく知つている病氣ばかり、診察するのです。

　私わ體の内の病氣ばかり、診察することわしています。

　眼の病氣のことも一通りわ知つていますけれども、

先日來てもらつた醫者わ、眼病を治すのが上手ですか
ら、診察してもらつたのです。(8-43)

第十一課　祈禱と藥　一

無學、　坊さん、　張裂ける、　さいわい、

信心、　信用、　諦める、

作平わ田舍の農夫です。學校え行つた事がないから、自分の姓名も書けないような、無學な男です。

作平の家の近所に、小な寺があつて、その寺の坊さんわ祈禱が上手だというので、あつちでも、こつちでも、評判していました。村の人わどの人もこの人も、大層信用して、病氣にかゝると、皆、(8-44)
その坊さんに祈禱をしてもらつていました。

そしてさいわい治れば、「祈禱で治つた」と思つて喜びますし、また、治らなければ、「あの坊さんの祈禱でも、治らないのだから、仕方がない」といつて諦めます。ですから、坊さんわますます信用されるばかりでした。

作平もある時、眼病にかゝつて、その坊さんに祈禱してもらいました。坊さんわ祈禱をしたあとで、作平に臭い水を渡て、「心配することわありません。(8-45)

毎日、こゝえおいでなさい。私が祈禱をしてあげます。そして、この水を眼えおつけなさい。二週間もたてば、治ります」と言いました。

　作平わはやく治したいとおもつて、毎日、坊さんの所え通つて、祈禱をしてもらい、(8-46)
又、一日に三度も四度も水を眼えつけていましたが、少しも良くなりません。それでも、坊さんの言つた事を信用して、二週間ばかり通いましたが、ますます惡くなるばかりで、眼の球の張裂けるほど、痛みます。

坊さんわそれを見て、「あなたわどうも信心が足りないから、治らないのです。もう、その眼病わ治りません。盲目になつても、仕方がありません」と言いました。(8-47)

第十二課 祈禱と藥 二

失望、　　かわいそう、　　雨乞、

療治、　　たまらない、　　欺す、

作平わたいそう失望て、内え歸りました。「もう、盲目に
なつてしまうのか」と思うと、どうも悲くてたまりません。
近所の人もたゞ、「作平さんわかわいそうだ」と言うばかり
で、どうする事もできません。

となりの町に眼醫者がありました。(8-48)
坊さんが「治らない」と言つたのだから、「どうしても治るま
い」とわ思いましたが、あまり痛くてたまりませんから、「痛
だけでも止めてもらおう」と思つて、醫者のところえ行つて
みました。

醫者わ作平の眼を見て、「これわ大變だ、盲目になりかゝ
つている。なぜ、こんなに惡くなるまで、こうしておいたの
ですか」と尋ねました。

作平わ今までのことをすつかり、醫者に話ました。醫者
わ作平が無學のために、(8-49)

坊さんに欺された事を、かわいそうに思いました。

　早速、療治をしましたら、二三日で、痛が止つて、一週間ばかりで、すつかり治りました。坊さんに貰つた水を、よく見ると、まるで腐つた水でしたから、それを附けて、ますます眼をわるくした事が、わかりました。

　世間にわ作平のように無學で、「病氣わ祈禱をすれば治る」と思つて、醫者にかゝらないでいる人が、大勢あります。作平わさいわい、めくらにならないうち、(8-50)
醫者にかゝつて、治りましたけれども、隨分、なおる病氣をなおさないで、死ぬ人も少くわありません。

　「祈禱をすれば病氣が治る」と思つたり、「雨乞をすれば雨が降る」と思つているような人わ、隨分、かわいそうなものです。開けない國にわ、こんな人が多うございます。

　昔、ある人が支那の名高い學者に、「雨乞して雨の降るのわ、どういうわけですか」と尋ねたら、(8-51)
「雨乞しないでも、雨の降るようなものです。」と答えたそうです。昔の人にも賢い人がありました。

練習

一　嬉しくてたまらない。

二　見たくてたまりません。

三　讀みたくてたまりますまい。

四　病氣わもう治りかゝつています。

五　この木わ枯れかゝつていました。(8-52)

第十三課　京城東京間　一

甲板、　出帆、　乘込ム、　積出ス、

寢室、　搖レル、　シラベル、　印、

　私ワ先日東京エ參リマシタ。京城カラ東京マデワ千マイル
以上モアリマスガ、汽車ト汽船デ行ケバ、ワズカ五十四時間
デ行ケマス。

　私ワ六日ノ午前九時ニ、南大門發ノ汽車エ乘リコミマシ
タ。南大門デ「東京行ノ連絡切符」ヲ買イマシタ。ソシテ、大
イ荷物ワ預ケテ、小ナ鞄ダケ一ツ持ツテ、乘リマシタ。ソノ
汽車ワ午後ノ七時頃ニ、釜山エ着キマシタ。(8-53)

　連絡船ワ釜山ノ棧橋ノ所エ碇泊シテ、待ツテイマシタカ
ラ、私ワ汽車カラ下リルトスグ、本船エ乘込ミマシタ。乘客
ハ皆乘ツテシマイマシタガ、釜山カラ積出ス荷物ガ、澤山ア
リマシタカラ、船ワスグニ出帆スルコトガデキマセンデシ
タ。

午後ノ八時ニナツテ、船ワ碇ヲ上ゲマシタ。ソシテ、汽笛ヲ鳴ラシテ、動キダシマシタ。(8-54)

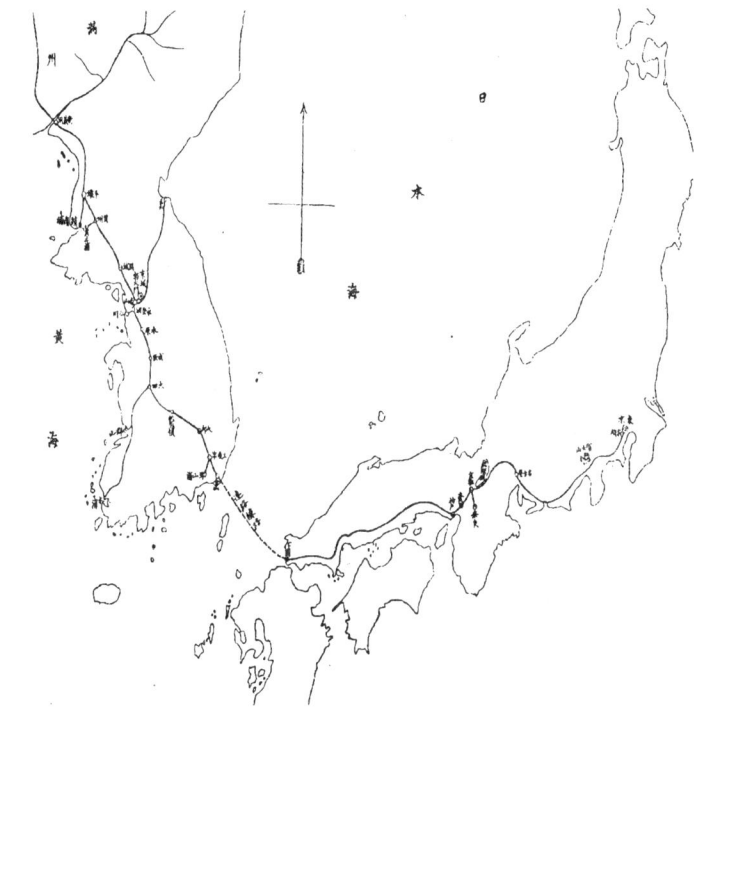

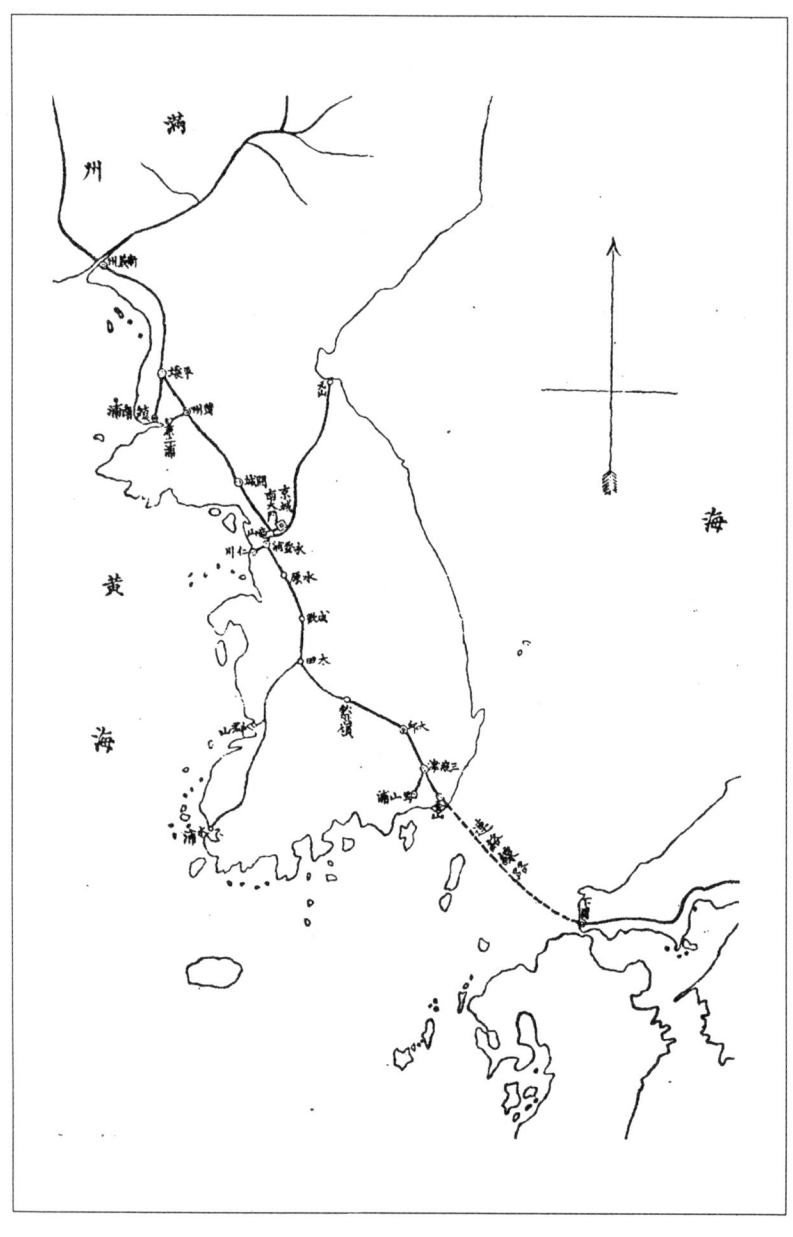

　スルト、税關ノ人ガ來テ、乘客ノ荷物ヲシラベマシタガ、私ワ何モ税ノカヽル物ワ持ツテイナカツタトミエテ、チヨツト見タバカリデ、スグニ、鞄エ白墨デ、印ヲツケテクレマシタ。

　今夜ワ、丁度月ガ出テイマシタカラ、乘客ワ皆甲板エ上ツテ、月ヲ眺メテイマシタ。汽船ガハシル、白イ波ガ立ツ、月ガ照ル、波ガ金色ニナル、ソレワソレワ奇麗デシタ。

　私ワ始メテ汽船エ乘ツタノデスガ、スコシモ (8-55) 搖レナイデ、大層愉快デシタ。寝室エハイツテ、チヨイト眠ツタト思ツテ起キテミルト、モウ、夜ガ明ケテ、下關ノ町モ見エテイマシタ。下關エ着イタノワ、午前ノ七時半頃カト思イマス。

　乘客ワ皆艀エ乘ツテ上陸シマシタ。

第十四課　京城東京間　二

商船、　發車、　混雜、　充分、　見物、

商業、　殘念、　乘煥エル

　東京行ノ汽車ガ、發車スルマデニハ、マダ、少シ、(8-56)時間ガアリマシタカラ、鞄ナドヲステーシヨンエ預ケテオイテ、アツチコツチ、下關ノ町ヲ見物シマシタ。

　ドコノステーシヨンニモ、荷物ヲアズカル所ガアリマス。スコシバカリ金ヲ拂エバ、預ツテクレマスカラ、汽車ノ來ルマデ、チヨシトヨソエ行ツテクルノニワ、大層便利デス。

　イヨイヨ午前九時半ノ最急行列車デ、下關ヲ出發シマシタ。始メテ、內地ヲ旅行スルノデ、(8-57)珍シイモノデスカラ、汽車ノ窓カラ、方々眺メテイマシタガ、一方ニワ、廣々トシタ海ガアリ、一方ニワ、靑々トシタ山ガアツテ、ソノ景色ワ何トモイエヌホド愉快デス。

　夜ノ十時頃ニ、神戶エ着キマシタ。神戶ノ港ニワ、大ナ軍艦ヤ商船ガ澤山碇泊シテイマシタガ、夜ノコトデスカラ、充分ニ見エナカツタノワ殘念デシタ。町ニハ大ナ家ガ並ンデオツテ、タイソウ盛デス。(8-58)

神戸カラワズカ一時間デ、大阪エ着キマシタ。大阪ワ東京ニツグ大ナ市デ、商業ノ盛ナ所デスカラ、ステーシヨンデ乗ル人モ、下リル人モ大勢アリマシタ。

京都ワ大阪ノヨウニ、盛デワアリマセンケレドモ、古イ寺ナドガタクサンアツテ、景色ノヨイ所デス。奈良エ行クモノワ、コヽデ乗換エルノデシヨウ。驛夫ワ「奈良行ワ乗換」ト言ツテ、乗客ニ注意シテイマシタ。(8-59)

京都ヲ出テ、トンネルヲ越スト、左ノ方ニ湖水ガアリマス。コレワ琵琶湖トイツテ、名高イ湖デス。名古屋ヲ過ギテカラ夜ガ明ケマシタ。富士山ワヨク見エマシタ。頂ガ高ク雲ノ上ニアラワレタ姿ワ、繪デ見タノヨリモ、モツト立派デス。

東京ノ新橋エ着イタノワ八日ノ午後二時半デシタ。乗客ワ皆、コヽデ下リマスカラ、大層混雜シマス。私ワマズ、宿屋エ行ツテ、宿屋ノ男ニ合鑑ヲ渡シテ、(8-60)
預ケテオイタ荷物ヲ、取ツテコサセマシタ。

第十五課　日露戰爭

仕方ガナク、　アブナク、　相手、

キマツテイル、　勸メル、　呼返ス、

日清戰爭ガスンデ、我國ト清國ト講和シタ時ニ、清國ワ遼東半島ヲ我國エ讓リマシタ。遼東半島ワ旅順ノアル所デス。旅順ワ大層良イ港デスカラ、ろしやワドウカシテ、コレヲ取リタイト思ツテイマシタ。(8-61)

我國ガ旅順ヲ持ツテイルト、チヨツト取レナイカラ、ろしやワ、どいつ、ふらんすト同盟シテ、我國ニ勸メテ、遼東半島ヲ清國エ返サセマシタ。我國ノ人ワタイヘン怒ツタケレドモ、三國ヲ相手ニ戰爭スルノワ不利益デスカラ、ろしやノ言ウ事ヲ聽イテ、返シマシタ。

スルト、スグソノ後デ、ろしやワ二十五箇年ノ約束デ、清國カラ旅順ヲ借リウケテ、砲臺ヲ造ツタリ、(8-62)軍艦ヲ集メタリシマシタ。ソレカラマタ、ろしやワ兵隊ヲ大勢、滿洲エ送ツテキテ、滿洲モ、遼東半島モ取ツテシマオウトシマシタ。朝鮮ノ南ノホウエモ、軍艦ヲ入レル港ヲ造ロウトシマシタ。

　ソウナレバ、滿洲モ、朝鮮モろしやノ物ニナツテ、我國モ ダンダンアブナクナリマスカラ、我國ワ仕方ガナクろしやト 戰爭ヲスルコトニナリマシタ。ソレワ明治三十七年ノコトデ アリマス。(8-63)

　我國ノヨウナ小イ國ガ、ろしやノヨウナ大イ國ト戰爭スレ バ、負ケルニキマツテイルト大抵ナ人ワソウ考エテイマシ タ。トコロガ、海軍デモ、陸軍デモ、我國ノホウガ大層勝ツ タモノデスカラ、世界中ノ人ワミナ驚キマシタ。

　ろしやワ兵隊モ大勢殺サレテ、軍艦モ取ラレタリ、沈メラ レタリシマシタカラ、トウトウ講和シマシタ。ソシテ、滿洲 ノ鐵道ト、樺太島ノ半分ダケトヲ (8-64) 我國エ渡シテ、滿洲ノ兵隊ヲ呼返シマシタ。

　ソレカラ、今マデろしやノ借リテイタ旅順ト、ソノ近所ワ 我國ガ淸國カラ借リルコトニナツテ、コレヲ關東州トイイマ ス。

　樺太ニワ樺太廳ガアリ、關東州ニハ關東都督府ガアツテ、 治メテ居マス。

練習

一　勉強すれば、よくできるにきまつている。(8-65)

二　善いことをすれば、人から賞められるにきまつています。

三　遠いところにあるものわ、小く見えるにきまつていますか。

第十六課　日露戰爭後の日本

いゖめる、　　思召す、　　御惠、

見込、　　　　到底、　　　御承諾、

　內地と朝鮮とわ、人種も同｢であつて、太古から交通をしておりましたから、その間は、(8-66)
ちょうど唇と齒のような關係でありました。

　朝鮮わいつも、西や北の國からいゖめられてばかり居つて、力が弱く、平安な時が少なかつたから、そのため、東洋にたびたび戰爭が起りました。

　明治天皇わ、つねに東洋の平和を確立することに御心配になつて、なんでも朝鮮と內地と同｢樣に安全にせねばならぬと思召されました。そこで前の課で學んだ通り、我國は、朝鮮のために、(8-67)
清國やロシヤと二度まで戰爭をして、大勢の人も死に、澤山の金も費しました。けれども、これゞため朝鮮ばかりでなく、滿洲までも平和になつたのわ、全く明治天皇の御惠といわねばなりません。

　それから一時、朝鮮わ日本の保護を受けて政治を改善することとなつて、日本からは統監を朝鮮に置て、それを指導させることになりました。ところが朝鮮では、何百年の間も政治が弛んでおりましたから、(8-68)
ちようど永年重い病氣で寝て居る人が、容易に健康體になる見込のないような有様でした。

　それだから朝鮮がこのままで居つては、再び東洋の平和が破れる源とならないようにする見込は、到底ありませんでした。

　元の韓國皇帝わ、早くもこの事に氣付かれまして、萬民幸福のためには、朝鮮を大日本帝國に併合し、永久に安寧を保つて、東洋の平和を固くするより (8-69)
外わないと考へられました。

　そこで明治天皇に此の事を願はれましたから、天皇はそれを御承諾になつて、明治四十三年八月から朝鮮は大日本帝國の一部となつたのです。

　それと同時に、もと韓國といつたのを朝鮮と改め、總督が、天皇の命を受けて、この半島を治める事になりました。

(8-70)

第十七課　兵卒の子フリツツ 一

薯、　　大將、　　どうかして、

囊、　孝行、　遠方、　脊負う、

　今から四十年ばかり前に、ドイツと、フランスと、戦争を
しました。そのとき、あるドイツの兵卒が內え送つた手紙
に、「薯が食べたくてたまらない」と書いてありました。

　この兵卒にわ、フリツツという、十歳になる男の子があり
ました。

　フリツツわ手紙に書いてあつた事を、(8-71)
母から聞いて、「どうかして、薯を父に食べさせたい」と思い
ました。そこで、母にも言わずに、內にあつた薯を囊の中え
いつぱい入れて、それを脊負つて、出掛けました。「戦争の
ある所わ、西のほうだ」と聞いていましたから、ただ、<u>西え
西え</u>と行つたのです。

　どんなに遠くて、幾日かゝるか。そんな事わ少しも考えな
かつたのです。また、「遠方え行くのにわ金が要る」という
事も、考えなかつたから、(8-72)

金わ一錢も持つていませんでした。

　疲れて、或宿屋の前で休んでいましたら、そこに泊つている客が、「どうして此所え來たのか」と尋ねました。

　　戰爭に行つているおとうさんから、手紙で、「薯が食べたい」と言つてきましたから、持つていくのです。この嚢の中にわ、薯がいつぱい入つているのです。

　その客わフリツツの孝行に感心して、(8-73)
他の客にこの話をしました。客わ皆、フリツツを」と思て、澤山金を集めてくれました。

　それから、方々で、こんなふうに、だいけにされて、十日ばかりかゝつてとうとう、ドイツの兵隊の居るところまで、行きました。

　一人の兵卒を見て、喜んで走つていつて、「內のおとうさんわどこに居ますか、」と言いましたら、その兵卒わ「お前、こゝえ何しに來たのか」と尋ねました。フリツツわ父に薯を持つてきた事を話しましたから、(8-74)
兵卒わこのことを士官に話しました。士官もたいそう感心して、フリツツを大將のところえ連れていきました。

第十八課　兵卒の子フリツツ　二

涙、　席、　ごちそう、　續ける、

鉢、　へた、　撫でる、

　大將わフリツツをそばえ喚んで、尋ねました。

大將　　お前の名わ何というのか。

フリツツ　僕わフリツツです。(8-75)

大將　　何しに來たのか。

フリツツ　おとうさんが「薯が食べたい」といつて手紙をく
　　　　　れましたから、薯を持つてきたのです。この中
　　　　　にある薯わみな、大な、圓い薯です。いちばん
　　　　　旨そうなのを、持つてきました。おとうさんに
　　　　　逢わせてください。

　大將の眼にわ、涙がいつぱいです。フリツツの頭を撫でな
がら、「よしよし、いまおとうさんを捜してきてやる」と言つ
て、次の室え連れていきました。(8-76)

　それから、大將わ晩飯をあげるといつて、大勢の士官を招
きました。晩飯の席え集つた客わ、みな、立派な士官ばかり

でしたが、その中に、兵卒が一人まけつていました。

　こんな、立派な席え、兵卒などの招かれているのを見て、誰も皆、ふしぎに思いました。他の人よりも、兵卒わ自分で、いつそう、不思議に思いました。(8-77)

　大な鉢の中え薯をいつぱい入れて、席の眞中に置いてあります。外にわ、何もありません。そして、皆が席えつくと、大將わ立つてこう言いました。

　　諸君を招いたのわ、私でわない。今晩の主人わこゝに居る、この兵卒です。そして、この鉢の中にある薯が、今晩のごちそうです。

　客わ互に、顔を見あわせました。兵卒もどうした事か、少もわかりません。(8-78)

　大將わ、なお、續けて言いました。

　　この薯がどうして、こゝえ來たのか。もし、それが知れたら、諸君わ「こんなごちそうわ今まで、食べた事がない」と言うでしよう。私わ物言う事がへただから、(8-79)十分に說明ができない。それをようずに說明する人わ、別にある。

　大將わ側に居た人に何か言いました。その人わ外え出ていきましたが、少したつて、子供を一人連れてきました。

　「おやつ、フリツツか」。「あつ、おとうさん」と言つて、兵卒と、子供わ抱きあいました。客わそれを見て、ますます、不思議でたまりません。

　大將わ薯を持つてきたわけを、孝行な子供に (8-80) 話させました。客わみな泣きました。

練習

一　廉そうなのばかり、買いました。

二　堅そうなのばかり、持つてきました。

三　大勢の生徒のうちで、疾く走れそうなのばかり、連れてきました。

第十九課　卒業式

卒業式、　　國旗、　　心得

別レル、　　才禮、(8-81)

今日ワ私タチノタメニ、學校デ、卒業式ガアリマシタ。學校ノナカワ奇麗ニ掃除シテ、門ニワ國旗ガ立テテアリマシタ。生徒ワミナ、立派ナ着物ヲ着テイマシタ。道長官ヤ、郡守、ソノホカ、立派ナ人々ガ大勢來マシタ。又、生徒ノ親ヤ、兄モ大勢見エマシタ。

午前十時ニ、式ガ始リマシタ。校長ワ私タチヲ一人ズツ呼ビダシテ、卒業證書ヲ渡シマシタ。

ソレカラ、演說ヲシテ、私等ガ四年ノ間、ヨク(8-82)勉強シタ事ヲ、賞メマシタ。又、卒業シテ後ノ心得ヲ、叮寧ニ聞カセテクレマシタ。

次ニ、道長官モ演說ヲサレテ、「私タチガヨク勉強シテ、コノ學校ヲ卒業スルノワ、大層喜バシイ事ダ」ト言ワレマシタ。

　道長官ノ演説ガスムト、朴サンガオ禮ノ文ヲ讀ミマシタ。「ソノ文ガ良クデキテイタ」ト言ツテ、皆ガ賞メマシタ。朴サンワ何デモヨクデキテ、何時モ一番デアツタノデス。(8-83)

　式ガスンデカラ、私タチワ菓子ヲ食ベテ、別レマシタ。私等ガ入學シタ時ニワ、チヨウド五十人アリマシタガ、イツシヨニ卒業シタ者ワ、三十八人ダケデス。

　「今マデ四年ノ間、互ニ、兄弟ノヨウニシテイタノニ、明日カラワ、モウコノ學校エ來ナクナルノカ」ト思ウト、悲シクナリマシタ。デスカラ、私等ワ「明日カラ、モウ、學校デワ會ワナイケレドモ、今マデノヨウニ仲ヨクシヨウ」ト約束シマシタ。(8-84)

第二十課　校長の演說

實業學校、　　めでたく、　　たとい、

存じます、

　今日わ卒業式をいたしますので、お招き申しました。どなたもお忙しい所を、おいでくださいまして、誠に、ありがとう存じます。

　今日卒業いたします生徒わ、三十八人ございます。この三十八人わ入學いたしましてから四年の間、よく勉强して、そしてまた、教師の言う事をよく聽きまして、(8-85)
唯今、卒業證書を貰うことになりました。

　皆さんのうちにわ、これからもなお、勉强て、實業學校や、その他の學校え入學て、一層高い學問をする人も、ありましよう。また、內に居て、親の仕事を手傅う人も、ありましよう。どんな事をするにしても、先生から學んだことわ、よく覺えていて、皆さんわ善い人にならなければなりません。(8-86)

　又、これまで、學校で習つただけでわ、十分でわないのですから、たとい上の學校え行かなくても、常に注意して、まだ、いろいろな事を習わなければなりません。

　皆さんわ四年のあいだ、いつしよに勉强して、(8-87)
いつしよに遊んだ、仲のよい友だちですから、是から後も、學校に居た時のことを忘れないで、益々仲よくしなければなりません。

　又、學校に居る生徒わ、よく勉强して、この三十八人のように、めでたく、學校を卒業するようにしなければなりません。

(8-88)

普通學校學徒用國語讀本 卷八 終

明治四十四年三月十三日印刷

明治四十四年三月十五日發行

明治四十四年三月十五日發行

明治四十四年六月十五日再版

明治四十四年八月十五日三版

明治四十四年十二月十五日四版

明治四十四年十二月十五日四版

明治四十五年七月五日五版

大正二年一月十五日六版

定價金六錢

朝鮮總督府

總務局印刷所印刷

찾아보기

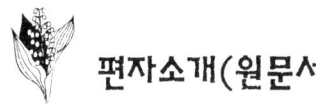

편자소개(원문서)

김순전 金順槇
소속 : 전남대 일문과 교수, 한일비교문학·일본근현대문학 전공
대표업적 : ①저서 : 『韓日 近代小說의 比較文學的 研究』, 태학사, 1998년 10월
　　　　　②저서 : 『제국의 식민지수신』--조선총독부 편찬 <修身書>연구--
　　　　　　　　제이앤씨, 2008년 3월
　　　　　③저서 : 『일본의 사회와 문화』, 제이앤씨, 2006년 9월

박제홍 朴濟洪
소속 : 전남대 일문과 강사, 일본근현대문학 전공
대표업적 : ①논문 : 「메이지천황과 學校儀式敎育-국정수신교과서를 중심으로」, 『일본
　　　　　　　　어문학』 제28집, 한국일본어문학회, 2006년 3월
　　　　　②논문 : 「『보통학교수신서』에 나타난 忠의 변용」, 『일본문화학보』 34집,
　　　　　　　　한국일본문화학회, 2007년 8월
　　　　　③저서 : 『제국의 식민지수신』--조선총독부 편찬 <修身書>연구--
　　　　　　　　제이앤씨, 2008년 3월

장미경 張味京
소속 : 전남대 일문과 강사, 일본근현대문학 전공
대표업적 : ①논문 : 「조선총독부 발간 『여자고등보통학교수신서』의 여성상」, 『日本學
　　　　　　　　研究』 21집, 檀國大學校 日本硏究所, 2007년 5월
　　　　　②논문 : 「근대한일 여성 사회소설 비교연구」, 『日本語文學』 제39집, 韓國
　　　　　　　　日本語文學會, 2008년 12월
　　　　　③저서 : 『수신하는 제국』, 제이앤씨, 2004년 11월

박경수 朴京洙
소속 : 전남대 대학원 박사과정수료, 일본근현대문학 전공
대표업적 : ①논문 : 「鄭人澤の日本語小說研究 -「清凉里界隈」와 「覺書」를 중심으로」, 『
　　　　　　　　일본어문학』 제33집, 한국일본어문학회, 2007년 6월
　　　　　②논문 : 「『普通學校國語讀本』의 神話에 應用된 <日鮮同祖論> 導入樣相
　　　　　　　　」, 『일본어문학』 제42집, 일본어문학회, 2008년 8월
　　　　　③저서 : 『제국의 식민지수신』--조선총독부 편찬 <修身書>연구--
　　　　　　　　제이앤씨, 2008년 3월

朝鮮總督府編纂
『訂正 普通學校學徒用國語讀本』原文(下)

초판 인쇄 2010년 7월 10일
초판 발행 2010년 7월 30일

편 자 김순전 박제홍 장미경 박경수 공편
발행처 제이앤씨
등 록 제7-220호

주소 132-702 서울시 도봉구 창동 624-1 현대홈시티 102-1206
전화 (02) 992-3253(대)
전송 (02) 991-1285
전자우편 jncbook@hanmail.net
홈페이지 http://www.jncbms.co.kr

책임편집 박채린

ISBN 978-89-5668-793-3 94190
    978-89-5668-791-9 (전2권)   **정가** 16,000원